非關政治
替動物發聲

魚凱——著

目錄

第三篇　山林神秘事件

第四篇　各方焦土戰——當議員遇上各種動保題

【推薦序1】

環保就是最先進的政治

陳玉峯

不久前，王小棣導演與我連袂受訪拙作小說《綠島金夢》改編成《綠島金魂》連續劇的故事。

小棣老師說：「連續劇是大有影響力的，我該思考的是『什麼是台灣比較重要的議題？』，我相信我是個社會主義者，每做一部連續劇，就是做一個社會運動！」

小棣老師的話語還在我心裡燙燒的時分，高雄市議員林于凱就捎來了他的新書《非關政治・替動物發聲》，囑咐我替書寫篇小序，在書中，他的前引文章就提到，影響他人生轉折的「大戲」——正是小棣老師於二〇〇三年導演的電視劇《赴宴》。于凱受到劇中男主角信念與行動的啟發，從而有了生涯的陽關三疊、生界因緣，乃至從政等，很戲劇性地發展，而即將進入另一番高潮。

因為《赴宴》，于凱真切、熱誠地趕赴了二十一世紀屬於他的台灣「橋段」，細膩地反思，流暢地吐露了野生動物、生態界之間與台灣年輕世代開放心胸的糾纏以及天問，間接或側寫了一個浪漫人性，承接台灣自然與人文史上，正在轉折與蛻變的平實弔詭與暗流洶湧。

我看著于凱可愛的「受」、「想」、「行」、「識」，我知道他從《赴宴》的觀眾，已然穩穩地成為自己的導演。而于凱這一世代，正是台灣告別欠缺自然情操、斷絕土地聯結與倫理的過往，昂首世界的台灣新創；我更相信，于凱歷經母親母土、天精地靈的薰陶之後，勇猛地投入人性競技場的難行道，許給台灣新文化的未來。

雖然書名楬櫫「非關政治」，我還是要強調「環保就是最先進的政治」，從人本中心拓展到生態中心的菩薩道，毫無疑問，于凱是「時代的力量」，我愉悅地推薦好看的本書，也替王小棣導演慶賀成功的社會運動！（本文作者為生態教授，成功大學台灣文學系主任退休）

【推薦序2】

菜鳥不死，理解共存

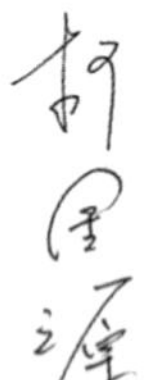

時間是檢視初心的一把尺！每個人都曾許諾過各種初心，但往往因為時空更迭、人事紛雜而變了調。先節錄佛學經典中的《不忘初心，方得始終》，來詮釋個人的修持，即是真誠質樸的初衷，貴在堅持以往，才得以成就。若再引用知名主廚江振誠在受訪時的一段話：「初心，就是找回當初最單純的快樂。」。在實踐理想的過程中，最純粹的「初心」，是個人的指引、也是外界評價的量尺！

二〇一〇年間，由台灣傳播學者發動的「反媒體壟斷」倡議，持續在校園與民間發酵。到了二〇一二年，獨立媒體學院也舉辦各類議題研習課程，支持獨立媒體工作者發揮所長，我也在此機緣初識于凱。後續，于凱以筆名「魚凱」透過獨立媒體平台發表專欄，讓我看到了許多不同視角的精彩報導。譬如，探討海洋魚業管理的議題、生物多樣性保育或是農漁業畜養等議題。每一篇報導的田調都相當札實與深入，多面向剖析分明，處處為弱勢者發聲，更彰顯生命多元的價值，令媒體同業深深折服，更是後進者的參考指引。

「筆耕不輟」是不足於形容于凱的深度報導質量，「擲地有聲」也難以涵蓋他所有的不同系列作品。二〇一六年，他出版了《公門菜鳥飛：一個年輕公務員的革新理想》一書，直搗公務體系的長年沉痾，引爆了社會改革的新動力，舉凡革新事務是少有速效的，但這一記後座力更是難以預料的。

二〇二二年，于凱的新作《非關政治．替動物發聲》分為四大篇章，如學生時期的動保社團行動、鳥類研究歷程，再到研究助理、以及海洋生態議題的探究，或者任職國家公園自然保育技士，在山林中的思索，以及環保、漁政機關期間，基層公務員的艱難，字裡行間皆顯露出真性情與當下感受。從新作中，看到其人格特質的養成，以及核心價值形塑的輪廓。

近十餘年來，于凱的身份、工作場域幾經轉換，心念與理想仍保有著純粹。若引述德國哲學家康德的「政治是高明的騙術」，來理解政治角力場域的折衝，或者某市長曾言及的「政治不難，只是找回良心而已」，來檢視政治人物的真實言行。我認為，細緻審視政治人物的「初心」，以時間軸來察覺其長年所為，將更見精準。

于凱在《公門菜鳥飛》中，呼籲年輕公務員們「菜鳥不死、莫忘初衷」，倡議革新的必要與迫切性，後來，他轉換政治工作並自許為「防腐劑」的角色。而《非關政治．替動物發聲》書中最後註解「理解共存」之雙關語，顯現其歷練後，視野與思路更加寬廣、穩健的成長軌跡。（本文作者為紀錄片工作者）

【推薦序3】

真實而深刻地傳遞生態保育

馮小非

初次見到于凱，是在獨立媒體協會舉辦的一個課程，希望培訓有能力挖掘公共議題的獨立記者。課程結束前，學員得進行調查報告，于凱發表的是一份關於「鰻苗因市場需求過度，導致資源被過度掠奪」的調查，這份報告讓幾位參與課程的老師非常驚豔，包含深入的資料蒐集、清晰的論點以及解決對策的分析，對於一位在玉山國家公園擔任保育工作的公務員而言，是非常出色的表現。同時也對他十分好奇，為何在山裡工作的他，會對漁業與海洋保育如此關注？

幾番對話後，才知道原來于凱從大學開始，就對生態保育議題十分投入，然而相較於ＮＧＯ（非政府組織）的行動救援工作，于凱顯然對於「導致問題與解決問題」的結構面更有興趣。這樣的特質來當記者當然十分適合，于凱也為《上下游新聞》

及其他媒體寫過不少文章，表現十分優秀。然而于凱卻不願止步於「找出問題與解方」，他期待能夠直接透過政策的制訂與執行，從源頭就解決問題。為了實現這個想法，他離開玉山國家保育工作，進入漁業署擔任第一線公務員，雖然他沒能選擇成為專業記者，令人覺得可惜，但是也感受到他想成為政策的實現者，想要跳入江湖奔跑個痛快的那種熱力，是當時對他最深的印象。

然而，生態要落實在現實的產業政策中，並不是一件容易的事情。而要在公務機關裡突破窠臼，尤其是地位基層的一線公務人員，要能實現理想之夢，更是嚴格的挑戰。原本要為生態而戰的他，意外的滑入對公務體系的挑戰，甚至還寫了《公門菜鳥飛：一個年輕公務員的革新理想》一書，甚至還獲得金鼎獎。而這些生命經驗更一步步的將他推往公共政策領域，從公務體系離開進入立院擔任助理，到甚至代表政黨選上高雄市議員，一方面為他實現理想感到高興，一方面也有點惋惜，于凱的熱情似乎都用於「人界」，原本關注的生態議題恐怕就只能暫時旁落。

收到于凱來信，提到他寫了一本過去在山林海洋間的故事，主題是動物生態及保育，問我是否有興趣先行閱讀，看完這份札實的紀錄，實在讓人非常吃驚也感動，原來即使擔任市議員「為人類服務」，于凱仍未放棄對生態保育議題的關注，尤其對生態與現實的開發、產業活動的共生之道提出多項見解，都非常的深刻。

書的最後寫著：「『理解共存』，不只適用人類社會，也適用於人及動物社會。」看到這一句特別深有所感，無論是新聞工作或是公共服務的工作，都應該要提供給社會大眾「真實而深刻的知識」，讓不同光譜甚至立場對立的人們有機會「理解共存」，讓討論與對話建立在理解，而非是「非我族群其心必異」的互相撻伐。而人與動物與生態的關係也是如此，人僅是生態的一小部分，對動物同理找出共存之道，也會讓人類活得更完整。我相信，只要將生態一直放在心上，就能在殘酷的人世間始終保有一份柔軟的淨土。（本文作者為《上下游新聞市集》共同創辦人）

【前言】

大三暑假開啓的人生盛宴

人一生中，一定會有幾個影響自己最大的關鍵事件、關鍵人物。

我的關鍵影響，來自二〇〇三年的一部電視劇：《赴宴》。那一年，我二十二歲，開始探索自己到底對什麼有興趣？那一年暑假，我在花蓮租了一間小雅房，參與黑潮海洋文教基金會舉辦的「海上鯨豚觀察營」。這是一個為期兩個月的海上培訓，目的是要培訓出合格的鯨豚解說員；每天早上的船班約中午左右返回進港後，我沒有跟其他夥伴一起用餐，就逕自回到住的地方，打開電視，因為每天中午時間就是我看《赴宴》的時間。

《赴宴》是導演王小棣老師執導的戲，編劇是溫郁方，那齣戲的主角是藍正龍、周幼婷，配角是馬志翔、竇智孔，還有當時仍在片中擔任配角的張鈞甯。

這部戲，對我影響非常大。戲的主軸，除了談及山林保育跟原住民生存的課題，還有白色恐怖在跨時代中，對主角所產生的時空連結。不過，引導我走向生態保育研究的，是劇中藍正龍所飾演的「郭民峰」這個角色。郭民峰對於山林守護的堅持、甚至偏執，讓我覺得非常感動，當時覺得郭民峰為了自己的山林保育信念，跟山老鼠對抗，甚至與嚮往園藝一途的女友周幼婷因理念分開，非常孤絕，但也很令我欽佩，霎那間有種覺悟：人生就是要做能夠感動自己的事。

所以，那年在花蓮的暑假結束，我就毅然決然地從機電工程的本科，轉往生態研究之路前進。

事隔多年，才有機會從王小棣老師的口中知道，郭民峰人物的原型，就是台灣山林保育史中，非常重要的前輩：陳玉峰老師。

陳玉峰老師，對於學習生態科學的我來說，無疑就是一棵只能仰望的大樹，而且我們這些後輩，離樹頂的距離，彷彿不同世界般。後來也才知道，陳玉峰老師在公職生涯中的一站，就是玉山國家公園，也恰巧是我進入政府公職的第一站；我跟陳玉峰老師本人，在我二〇一七年初次參與選舉時，才正式有談話的機會，讓我印象很深的是，在第一次談話結束後，他跟我說：「我上輩子應該認識你」。

我沒有跟老師說的是，上輩子的事就留給上輩子，但這輩子，您這輩子真的影響我了；而且不是透過任何實體管道，而是用一齣戲中的一個角色，就改變了我在青年探索階段，一個關鍵的選擇。那一年，如果不是《赴宴》這齣戲，或許現在的我，是在某個工廠中值固定班的工程師；也沒有機會踏入生態領域，進而再輾轉進入公共事務的領域。

見到王小棣老師，也在許多不同場合中，但他不見得對我有印象，不過，在捍衛反對高雄馬頭山事業廢棄物掩埋場的場合中，他不經意地脫口而出：「我不是很了解馬頭山事情的全部，不過會來這邊，是因為這輩子有一個人叫我做什麼，我就做什麼」，他指的這個人，就是陳玉峰老師；由此想見，陳玉峰老師不只對我，也對很多人，都有同樣的召喚力。

一個小說人物的性格，透過編劇及導演，在戲劇中被靈動地創造出來，影響了觀影者；觀影者循著小說人物的理想樣子，後來在現實中去追求那個樣子，很久之後，發現原來劇中角色確有其人，而這個確有其人的原型本尊，在十五年後，第一次有機會當面對話之時，他說：「我上輩子應該認識你」。

聽到這句話，我其實有點震撼，當下的時空錯置感，跟赴宴中的所設定的跨時空的人物連結，有種不謀而合的超現實感。

好像一切都曾經歷發生過，但卻是在電視的劇情裡。《赴宴》中，夢想在山林中奔馳的郭民峰與心目中有個理想花園的陳心結（周幼婷飾），在戲裡因為各自堅持而散，現實中卻結婚了！

二十年前，拍出自然保育及土地開發問題的連續劇，至今仍是心目中的經典劇作。那時候，我對於郭民峰覺得可敬又可惜，他為了山林保育的夢想是那麼純粹，也為此不惜開罪身邊的人，落得孑然一身。而那年，在黑潮海洋文教基金會，也遇見很類似的人，他們有著從心底散發出對於自然的熱愛與執著，是很令人著迷的。

總在思考，半路出家的我，相對於這些野生基因布滿全身的人，我對自然的熱情純度又有多少？如果沒有那樣純粹與自然的美感，我又能做些什麼？室友曾經為了「興趣」與「理想」的定義問題而爭吵不休。記得當時的對話是這樣的：

A：你不要整天打電動，做一些對社會有益的事情吧！

B：啊～你整天爬山，環境就因你變好了嗎？

A：至少不是整天坐在電腦前面耗電吧！

B：都是做自己有興趣的事情而已啦，爬山也沒有比較高尚。

是啊！接下來面對的許多同道中人的爭辯，也都是類似的。如果沒有一套完整的思辨及論述，我們無法說明：「為什麼森林復育是自然，園藝造景就不是自然？」「海豚得保育？」「翻車魚可以吃？」「為什麼狗貓要愛護？」「蛇就該找消防隊抓走？」說穿了，沒有想清楚的堅持，不過是個人偏好。

也就是那個暑假，黑潮基金會真性情的野人前輩說出「雖然許多想法是悲觀的，但還是得勉強自己走下去。」的動人感召之下，我順從了個人的偏好。經過了幾年生態研究的洗禮，然後，很幸運地獲得一份看似與自己興趣相關的工作——玉山國家公園的自然保育人員。

很長的一段時間，我過著與自然環境密切關聯的生活，對個人來說，很舒服的日子。然而，最初的問題，又開始縈繞糾纏。我做這份工作，是為了個人興趣？還是真的有改變些什麼？如果一直在美好的舒適圈裡，我能了解：在這個圈圈外，大多數人對於環境的理解落差嗎？

於是，我到了一個規劃的位置，在一個全然與自然隔絕的環境中，擘畫著城市生態保育的藍圖。期望，在不斷溝通的過程中，串連出改變的力量。期望，跨出保育圈去改變。然而，體制內的溝通過程，總比體制外敲鑼打鼓要複雜，這是個充滿詭異氛圍的連結體。

現在，面對這些，感受實際了許多，但疑惑卻未減少。過去，總希望活得灑脫才是美麗，但，一旦涉入內心真實想望的改變，往往是刀刀見骨的真實。如果，曾經想要的，是一種制度的改變，是一種決策的透明，是一種可介入的機制。那麼，為什麼，現在是有機會能夠介入的時候，不時還是有退縮的念頭？

只因為，這種介入的過程，充滿詭詐、權衡與妥協，一點都不純粹、不乾脆、不美麗。不過，這都是片段，如果，人生是一場盛宴，那麼，這些都是養分，不論是化肥還是有機肥。莫忘初衷。別忘了當初看《赴宴》、聽野人說話的感動片段。

Chapter 1

從工程師走向保育員

校犬——大學動保社的記憶

一之一

社團，是大學至研究所時期的重要生活之一，也是我踏入生態保育界的起點。

動保社，是大學時期許多朋友共同的回憶，我們的、還有校犬的。那時候社團同學們，想盡各種方法去克服動物收容地點、排班準備飼料、與醫療照顧等問題。尤其每回上山餵狗，整條手臂總被蚊子叮咬得像得天花一般，有時還會看到眼鏡蛇在身旁亂竄，不免開始擔心那些放出去卻不按時回來的狗們……，還有一起誘捕、洗澡、送牠們到假日送養會場的點點滴滴。

真的很懷念那段單純的時光。

回想讀大學那個年代，大學生必修三學分：社團、愛情與課業。社團被我擺在第一位。研究所讀了三年，再加上大學四年，我一共在中山大學待了七年，也在同一個社團待了七年。而這個社團，在我畢業後兩年後倒了，一共維持了九年。

九年，以光纖速度計算，是三個世代。三個世代間的差異有多少？是從Pentium III（一九九八年推出的桌上型電腦中央處理器）到四核心（電腦主機）的差異。而在這三個世代的主要溝通媒介分別是BBS、ICQ以及MSN。這樣演化的結果，就是生活型態的改變。

大一時，室友每晚用寢室電話輕聲細語地「把」隔壁班同學；大四時，已經在鍵盤上，喀拉喀拉地打字用ICQ把勢力範圍延伸到香港同胞；後來，MSN流行了一段時間，即時視訊就可以把愛傳播到世界各地去。現在的大學生活中，社團儼然已非三個必修學分之一，課餘的最佳選擇是「打工、打電動以及打表情符號」。眼見這樣的改變，社團的沒落是我在畢業前就已預見的。

由於念的是在西子灣的中山大學，遊客人來人往，帶著愛犬進進出出，有些失去了愛的狗兒，被惡意遺棄，成了校園三寶「獼猴、鸚鵡、流浪犬」中的流浪犬。在大一那一年，一群愛狗的學長姐們成立了「流浪動物社」，為的是一隻名叫「小賴皮」的狗。他是我們的第一隻社狗，長毛、垂耳、動作很溫吞、很親人。他的出現引起學校中某些學生的注意，利用晚餐時間時後相約到停車場找他。找他的方式很簡單，只要呼喚幾聲「小賴皮」，他便會從車陣中出現，徐徐地晃過來，吃完飼料，被學生們撫弄一番後，再慢慢走開。

有段時間，中山大學西灣站ＢＢＳ上的討論區，對校園流浪犬的問題吵得很兇，怕狗的學生建議學校請捕犬隊進來將狗抓走；愛狗的學生則提出「有力氣抓狗，不如去抓飆車族」的論點。一直照顧小賴皮的學長姐們，怕小賴皮就這樣被逮補，於是提出正面的意見來回應，經過幾次在合作社圓桌會議的討論，毅然決定成立「流浪動物社」。

「流浪動物社」（簡稱動保社）的創立社團宗旨是「培養國人對於流浪動物的正確態度、持續照顧無法自行生存之動物」。一開始草創的社員們，有一股熱情，想用不同於撲殺的方式來面對學校流浪犬的問題，不過，這種熱情，在往後幾年入學的學生身上，逐漸消散。

在動保社，可發現幾種不同類型的人，最多的就是不怕髒、不怕蚊的愛狗人士，然後有些像我這樣希望能改變流浪犬處境的理想派，另外有些只是喜歡玩狗，但要負起餵狗或掃大便的排班責任卻不見得願意。最多的時候，社團曾經收容到十多隻狗，已經是極限，只能盡力幫狗狗們尋找適合的家。

照顧流浪狗學習生命課題

要在校內「養狗」，當然會產生不同聲音；不過在二十年前，很多動保概念還在啟蒙階段，社團創立之初的簡單概念，就是要幫校內流浪犬找家。

因此一開始，學校事務組幫我們找了一個山上的小空間，因為閒置已久，光是整理那個地方，就花費了一番功夫，更不用提在夏天的山上，人煙罕至，所以社員們上山除了餵狗，就是餵蚊子，而我現在不太怕蚊子叮咬，可能就是在那個時期，已經被叮到體無完膚（不誇張，等到下山，我的雙手大概有五十到六十個被叮咬的包腫起來）而產生的免疫。

排班去山上餵狗，是動保社的例行公事。後來，到我大二時接任社長，負責排班、洗狗、安排參加送養活動，社團除了壯丁，也有很多溫柔的學姊，我想這也是學弟們願意排班的因素之一。想當年，社上有一位學姊要出嫁時，社團的ＢＢＳ上可是出現了一堆玻璃心碎裂的聲音呢！

這樣持續了兩年，屢屢在活動會場穿梭，安排大狗送養。記得那時候在高雄市的城市光廊，每個月都有安排狗狗走秀活動，我們每次都帶二或三隻大狗，幫他們戴帽子，披上圍巾上場走秀。我最喜歡的是一隻狗是應該有拉不拉多血統的混種犬Amigo，他的個性很溫馴，在會場上沒有椅子，等待的時間，我就靠在他身上，那種溫暖的感覺到現在都還記得。

狗狗是動保社的核心，社員跟狗狗的互動有各種故事，像是有位社員曾經在送養的路程中，因為狗狗跳下車，遭到後車追撞而死亡，當時身為社長的我，實在不曉得要怎麼安慰這位社員，只能拍拍他說：「沒關係」。看著狗狗的來來去去，每一位認養者都要進行基礎的後續追蹤。狗狗帶來對於生命的課題，每個參與其中的人，都有著各自的感受。

我們曾經收容過一隻全身因為皮膚病幾乎全身潰爛的狗狗，第一次遇到這隻狗時，即便在十公尺外就能聞到他身上散發出來的惡臭。當時是社上博士班學姊，用了龐大的醫療費用，才讓這隻狗逐漸健康狀況好轉，記得當年我貼文在中山大學西灣站BBS的文字紀錄是這樣的：

一開始是有人在武嶺宿舍板上貼了有隻很噁心的狗在某樓洗衣機旁的照片，有礙宿舍衛生，希望學校能處理，於是我們不知道哪一個勇者就去把Super抱回來了。我看到Super第一個念頭是：「怎麼會有這麼噁心的狗啊，天啊！」、「怎麼有人敢抱他上來，太強了」。

Super剛來時，非常自閉，奄奄一息毫無生氣，躲在箱子裡，太靠近他時，他還會發出警告。走路很沒力、眼神呆滯，毫無生存的意志，身體狀況非常差，之前應該受過很多人的打罵，對人類有戒心。經過照顧之後，慢慢地Super情況好轉，牽他出去散步時，他也不那麼自閉了，會用後腳站起來想跟我玩。經過了很多日子的相處，Super就變成如今這樣有趣的樣子。

我永遠記得第一次看到Super的時候，他的皮膚爛到不行，蜷縮在紙箱裡，我們要靠近，他就發出低鳴警示音，後來是學姊去誘捕他，成功收編。我們花了一些力氣，帶Super回診，當時僅有機車的我們，每次要載狗看醫生，就是要找一個大的洗衣籃，把狗裝進去。經過一段時間的治療，當Super的毛逐漸長出來後，原本對人的防備心逐漸消失，我們才發現他很聰明，除了會找我玩，還會自己跑到社員的宿舍紗窗外，墊起前腳，要找社員裕雄，裕雄跟室友開玩笑說「不要讓他發現我」，因為，痊癒後的Super成了超級活潑黏人的狗。從Super身上，其實完全可以感受到，他，是有情緒的。

但是，因為皮膚病的後遺症，讓 Super 看來並不討喜，不容易幫他找到新主人，因此他就一直待在社團中。直到有一天，社員通報，Super 出去之後沒回來，社團學姊趕緊跟附近壽山家畜所的獸醫聯繫，確認是被誤捕，準備第二天去帶回來，沒想到，第二天到現場才發現 Super 已經被安樂死了。

那天晚上，我在多位社員面前忍不住大哭，因為，我看著 Super 從不信任人類到信任、到主動想要找我們在哪裡，結果，因為外觀上的不討喜，在未知的狀況下，被奪去生命。我一直在想「當 Super 被安樂死前的那一刻，他還是相信人類的嗎？」想到這邊，我就無法抑制自己的難過。

為校犬計畫而戰

社上每一隻狗，都有拍照建檔，檔案中還有完整的就醫紀錄與送養者資訊。可惜的是，在我畢業之後，這本社狗狗清冊不見了。

我們幫一些狗找到飼主，有的去了農家，或是去工廠看門，還有去了很懂得愛狗的人家；但是舊的狗送走，新的狗卻又一直進到校園。我媽提醒我「你們這樣養下去不是辦法，終究是有畢業的一天，要想想，怎麼樣從源頭解決問題？」

探究根源問題，其實是在人養寵物的態度上。於是，我找了中文系修教育學程的社員夥伴，根據關懷生命協會的「小白，阿花何處去？關懷流浪犬貓教材教」，重新設計了一套教案，到小學去幫小學生進行生命教育的課程，目的是為了教導學生如何正確與動物相處。我不強求每個人都要喜歡動物，但可以學習如何避免衝突；而如果有一天決定要養寵物，也要學習如何當負責的飼主，不要把責任外包給父母及隔壁鄰居。

動物行為學家珍　古德博士說**「唯有了解，才會關心；唯有關心，才會採取行動；唯有行動，生命才有希望」**，這段話是我在動保運動及環境運動的座右銘。學校的生命教育，最好的方式，就是讓學生有機會與其他生命進行互動。像是我在高中時，學校雙語學院的學生，為自己的院犬蓋了一棟狗屋，每天下課就有學生跑去找小黑狗玩，由學生們負責餵食及照顧的工作。因為投入了心血，才能懂得珍惜，才能懂得與不同的生命相處。

除了針對小學生的課程，後來我也跟學校公共事務管理研究所的老師合作，開設到收容中心服務的課程。那兩個學期，帶了不少中山大學的學生，到附近的壽山關愛園區打掃環境、清理狗舍、帶狗散步、幫狗洗澡……我自己都是負責清理狗舍，因為在動保社的經驗，訓練我對狗大便的味道耐受力還算是可以的。

從本來的單純照顧校園流浪狗、送養，社團逐漸轉型成為以推動物保教育為主軸，我也主動向學校提出一個「校犬制度」，希望能夠讓部分校園流浪犬經過專業的訓練，成為能夠在教學區進駐、陪同警衛夜間巡邏的工作犬。當時，我還特別從台北請來專業的訓犬師，每兩周一次，指導社員如何對狗狗進行簡單訓練。

說實在，不是每隻狗都適合進行校犬訓練。訓犬師跟我們一起到犬舍，依據他的經驗，挑選了幾隻個性看來可以的狗，展開了校犬的培訓。我們甚至還找了事務組，尋覓了一個地點安置校犬，讓校犬在訓練過程中不會受到太多干擾。

但當校犬訓練計畫進行到一半時，卻發生了一個大變數：新舊任校長交接，新校長不喜歡狗，認為學校怎麼可以養狗？再加上當時剛好是春天跳蚤好發的季節，新校長得知有學生家長抱怨學校流浪狗太多，讓住在宿舍的寶貝孩子被咬了。雖然社團的狗舍離學生宿舍區非常遠，騎機車都還要五分鐘的車程，怎麼想也不可能是校犬的跳蚤大老遠地跑進了學生宿舍。然而，新校長還是決定：眼不見為淨，要求我們將狗都送走。

我從社團成立之初就參與其中，理解中山大學流浪犬問題不會因為校犬送走而消失，對於要把狗送走，還包含了個人情感於其中。看著社團的用心、已經開始受訓的校犬制度就這樣嘎然中止，我很難受。

當時，我已經大四，離研究所考試只剩一個月，內心掙扎著到底該不該跳下來捍衛校犬的去留？還是就專心準備研究所考試？再加上，南方校園的學生運動並不興盛，我也沒有主導過類似的行動。一時還真不知道該怎麼辦？

不過，我還是決定發動全校連署，由社團的學弟妹們排班，在教學區長廊擺了一星期的攤位；一周後，帶著達到學校三分之一學生人數的連署書，跟學校爭取召開協調會。同時，也找了幾位熟識與認同我們做法的老師，在協調會議上幫我們說話。

我的主要訴求是：「讓校犬離開，並不能解決校內流浪犬的問題」，學校長期以來的作法，只是抓走舊的浪浪，騰出空間讓新的浪浪又進來，這些來來去去、對環境不熟悉的流浪犬，很容易和陌生的學生產生衝突！因此我提出：「校犬計畫是學校流浪犬問題的可能解答」，如果可以在教學區，利用校犬的領域性，讓其他外來流浪犬不敢進來，就是對於學生安全的維護。

同時，我也安排在會議中途，提供近期媒體報導其他學校校犬制度成功推動的文章，甚至烙下一句狠話：「中山大學要做成功案例，還是負面案例，就看學校的態度」；我也不曉得當時哪來這樣的勇氣跟學務長嗆聲，但學務長真的說服了校長，讓學校終於同意留下四隻校犬，訓練作為陪伴警衛巡邏的校犬，同時也利用校犬的地域性驅逐外來流浪狗。

藉由訓犬師經過一段期間培訓社員，再由社員每天排班，在下午時段利用一個小時對於校犬進行訓練。一年後，校犬們都能做好隨行、趴、臥的動作，準備進行巡邏路線帶領、建立範圍的這一步。但，這樣的努力，還是抵不住校長對於「學校養狗」這件事的不耐。一年後，校長的緊箍咒一念，訓練到一半的校犬，還是被迫得離開。

那時候，仍是窮學生的我們，花錢租了九人座福斯汽車，就這樣，把其中兩隻校犬小支與袋鼠送到中部的森林小學，交代一番後，依依不捨地離開。另外的校犬衫菜，後來帶回我家；最善解人意的小黑，則是被博士班學姊收留，這些校犬在幾年前，都相繼離開人世。

我對狗，一直有著很無法言喻的同理。因為我覺得，狗的忠誠與對家人的信任，是遠遠超過人類的。這也是很多愛狗人的共同的察覺，而我卻眼睜睜地看著，因為無法表達自己被犧牲掉的生命。後來，在認識動物社會研究會之後，開始關注同伴動物（狗、貓）之外的動物，也因此從中山大學機電系畢業後，研究所轉而念生命科學所。

我記得當時所上的顏聖紘老師還跟我說：「你應該去念動物保護，而不是來念生態保育。」我也記得當時我的回答：「國內沒有動物保護研究所啊！而且念那個會不會餓死……」雖然後來發覺，其實念生態保育也沒有好太多（咦？）。但是，我總是在心底跟自己說：「要為那些不能為自己發聲的動物，發聲。」一直到現在，從事政治工作，有很多時候，必須要爭取人類的支持，因為人才有選票。但我還是沒有忘記，每次到廟裡拜拜時，我會跟土地公說：「祈求這片土地上的人跟生物，能夠和平共存。」

幫小學生進行生命教育課程，為了教導學生如何正確與動物相處。

校犬小黑

校犬 Super
命運坎坷是
我最心疼的
浪浪

黃鸝——美麗殺機與夭折的研究

一之二

看到一個新聞，全身紅豔的朱鸝因美麗引來的殺機，捕鳥人跟著生態攝影者的步伐，追蹤到正在哺育幼雛的朱鸝巢位，不費吹灰之力將鳥巢摘下，捕捉到的巢中雛鳥，以每隻數千元的價格，販售給特定的養鳥人。

我想起，二〇〇五年的春天，研究生追著黃鸝跑的日子。

黃鸝與朱鸝是台灣唯二的鸝屬（Oriolus）鳥類，因全身金黃色，眼睛後方有一條類似古代小偷綁額的黑色過眼帶，因此英文名為 Black-naped Oriole，諧音很像巧克力的 Oreo 餅乾。所以我們去做觀察時，常常會準備 Oreo 做點心。沒辦法，就好像關聯學習的鸚鵡，我們被他的名字給制約了。

那個時候，在台灣鳥會資料庫搜尋過去的調查紀錄，發現屏東內埔、台東知本、花蓮壽豐及台北淡水一帶有幾個穩定的族群，由於身處南部的我們相當容易就能掌握屏東黃鸝出現的地方。但是，其他有紀錄的地點僅知道大約的位置，於是，將地圖攤開，開始回憶過去調查所及之處的林相類型，到實地探究黃鸝可能出現的環境，憑著望遠鏡及耳朵，去搜尋黃鸝的位置。

最後，在台東知本附近的搜索失敗，在台北淡水的族群聽聞已消失，便將重點放在屏東內埔及花蓮壽豐。國立屏東科技大學位在內埔鄉，學生們都知道學校後方有一片黑森林，種了些高大的麻六甲合歡，黃鸝春天時就喜歡在這麼高大的樹梢尾端的分叉點築上像是吊著一般的碗狀巢。同時，這棵樹靠近主幹的地方，可能會有大捲尾

黃鸝的羽毛是鮮黃帶有黑色細毛點綴非常美麗。

（台語俗稱烏秋）看似較為穩固的巢，黃鸝與大捲尾兩者都是凶猛的鳥，大捲尾還時常被賞鳥人觀察到驅趕大冠鷲的紀錄，但這段時間，說也奇怪，他們居然能和平共存。

屏東的樣區是我們第一年的觀察點，有別於其他生物科學系的學生總是「朝九晚五」到實驗室報到，我們則是「朝五晚五」地到樣區報到。「早起」這件事對鳥類研究者來說，是生命中必需承受之重（眼皮很重）。當時年紀輕、體力好，卻也是睡眠時間最長的階段，不過為了黃鸝，一夥人清晨四點半就得在高雄的實驗室集合完畢，驅車前往屏東赴黃鸝的早宴。

每年四至五月是黃鸝的繁殖季節，平時鳴叫聲粗啞地像烏鴉的黃鸝，這時會突然「變聲」如同詩詞形容的黃鶯出谷般的婉約鳴調。當時的研究助理很會用口哨學黃鸝的曲調，有時候，大夥去得太早，黃鸝還沒開始晨間鳴唱之前，助理就會開始吹口哨，用他們的語言問候他們，而黃鸝們，有時候還真的會接著開始唱起來，感覺好像在回應對話。不過，不懂音調的我們不知道是否表錯情會錯意。

由於清晨四點半起床對我來說真的太困難，所以，後來當只有我一個人繼續研究黃鸝鳴聲的時候，便想到偷懶的辦法：我去登山用品店買了生平第一頂雙人帳篷。雖說是雙人，但是，除非不介意與兩人躺下後，會有摩肩擦踵的聲息，否則，雙人帳篷還是一個人睡比較妥當。

那時候，我會前一個晚上先抵達樣區，因為要錄鳴聲進行分析，因此不希望會收錄到周遭路人甲乙丙丁的喧擾嘈雜，我都會特別挑選人煙稀少的周間前往。還記得第一次在野外單獨露宿過夜，雖然我是熟識親友眼中的野人，但是第一次一個人野營不免心慌慌啊！記得第一個晚上看到螢火蟲令我興奮不已，但隨著螢火蟲在帳篷頂端徘徊流連不斷繞圈打轉，很不自覺地就聯想到鬼火，而我只能閉上眼裝作沒看見。隻身在野外的黑夜，是需要熟悉的，沒有熟悉之前，「天空會跟你說話」這類的安慰，都像是鬼話連篇。

如果像電視劇中，當黃鸝開始「Shu Shu」地晨間鳴唱時，我會從夢中緩緩甦醒，迎接美好的一天……然而現實總非如此愜意，那段時間，只要聽到「Shu Shu」聲，我是會從夢中驚醒！因為錄音設備需要一段時間設定，如果等我聽到叫聲再啟動錄音設備，恐怕已經錯失太多鳴聲了。

還記得有一次，我是前一天晚上搭乘晚間八點的平快火車，再騎車，到達樣區已經是晚上十點，我還先打了一下電動後才入睡，隔天早上被驚醒後，赫然發現，「X的！電池沒帶」，不過瞬間我卻有種放下的感覺，沒有電池就不能錄音，一切都不重要了，繼續睡覺。

哪些年為了黃鸝研究的鳥事

現在回想起來，會覺得當時一群人守著一台單筒望遠鏡，輪流排班盯著一窩鳥的日子，真的很浪漫，如果時光能倒轉，真想有機會再去做一樣的事。而且這種幻想絕對跟當過兵的男生老愛回味軍中種種，但卻打死不願意回去當兵是截然不同。而且回憶過往盯鳥的過程中，總會忽略掉不愉快的細節，例如，被小黑蚊狂咬或是不小心踩到馬大便的鳥事。

屏東的黃鸝築巢都很高，大約有六至七層樓那麼高。這麼高的好處是，不怕人類干擾與蛇類攻擊，黃鸝可以俯瞰掌握整個局面。黃鸝產卵的季節是四至六月，在颱風季節來前，這段期間是相對安穩的。但是，雛鳥出生後，至少必須等候三週，才能離巢自行覓食，如果颱風提前來到，對黃鸝的雛鳥是一大考驗。尤其是築巢越高，風越大。原本躲避天敵的優勢，卻因氣候轉變，可能變成劣勢。不過，對研究者來說，當然希望巢低一點，因為抬頭觀察一整天下來，脖子很酸耶。

一般而言，黃鸝產卵一窩約有四顆蛋，需要三周孵化，孵出後，雛鳥由成鳥輪流餵食，在我們持續觀察兩年期間，發現屏東黃鸝的雛鳥從孵化到離巢的成功率不高，僅約三成左右。但花蓮的黃鸝的情況則更糟，只有不到三成的繁殖成功率。至於為什麼繁殖成功率這麼低？說來，又是另一個故事。

為了瞭解隔著中央山脈的兩群黃鸝（屏東與花蓮）有沒有什麼不同，第二年，我們這群人開拔到花蓮尋找黃鸝的蹤跡，用同樣的方式聽音找鳥，「嗯！是熟悉的口哨音質，但有點怪怪的」，再仔細一聽，「哇！不得了，兩個地方黃鸝的叫聲居然完全不一樣」。

鳥類世界跟人類一樣，因為長期的地理隔離、沒有和其他族群交流的情況下，會形成所謂的「方言」。曾經有科學家做過實驗，將很會仿聲的鸚鵡，從小隔離，不讓他跟其他鳥類接觸，長大後，鸚鵡的居然發展出與同類完全不同的聲音。

除了鳴聲不同，以各地留鳥族群的外觀來分析，不同地區的黃鸝在外觀上，有差異的部位，主要是眼部虹膜顏色、過眼線寬度、覆羽以及尾羽的羽色紋路，台灣南北的黃鸝族群外觀上有明顯的差異，且又與距離較近的菲律賓族群及中國族群不同。

繁殖期的黃鸝，聲音是婉轉多變的，晨間鳴唱、黃昏鳴唱、照顧雛鳥換班時的鳴唱都是不同的，甚至在與配偶接近時，會發出一種完全不同，類似金屬音的鳴聲。這麼有趣的現象，不研究豈不可惜。於是，我成了手拿麥克風、戴著耳機，四處奔走的男人，只是場景是發生在有小黑蚊肆虐攻擊的樹叢間，而非浪漫的、有海潮聲的沙灘上，而且為了錄製黃鸝拂曉鳴唱的聲音，起床時間也更早了。

記得有一次，為了深入造林區找黃鸝，我跟助理與學姊開著實驗室已有十五年車齡的得利卡廂型車，把握雨天過後的時間趕緊行動，但是路況泥濘不堪，再加上路線不熟悉，一心只想著要把握時間找鳥，就使勁地筆直往前開，說時遲，那時快，只見前輪陷入泥沼中，動彈不得。偏偏造林區的位置真的是「前不著村，後不著店，叫天天不應，叫地地不靈」，這對於做生態研究的人來說，是早已熟悉的野外生活常態，自有一番體悟。於是，滂沱大雨中，我們開始找粗樹幹，頂住輪胎，跟助理喊說，「準備好了，一二三，加油！一二三，加油！」然後負責駕駛的夥伴一踩油門，卡住的輪胎空轉，捲揚上來的泥水與雨水混合，噴得大家滿身都是。就這樣，一而再再而三地嘗試，從原本充滿希望到不抱希望地試了一小時，我們從鳥人變成泥人，車子還是一動也不動。

最後是學姐的電話聲響起，男友打來，問她在幹嘛？「推車啦！幹嘛咧」，可憐

不同地區的黃鸝外觀差異比較

地點	虹膜	過眼線	翼覆羽	尾羽
台灣台北淡水	紅	較粗	覆羽內側黑，外側僅末端黃色	中央黑
台灣屏東穎達	棕	較細	覆羽內側黑，外側黃	黑
馬來西亞	紅	較粗	覆羽內側黑，外側僅末端黃色	黃黑色
印尼	紅	較粗	覆羽內側黑，外側僅末端黃色	中央黑
菲律賓（6 個亞種）	紅	較粗	覆羽僅羽軸及邊緣為黃色，其餘黑色	黑
中國	紅	較粗	覆羽內側黑，外側黃	中央黑
日本	紅	較細	覆羽內側黑，外側黃	黑

資料來源：2006，台灣的黃鸝分佈及生態習性研究，林物局科技計畫。

的男友掃到颱風尾，「你們的車不是有四輪驅動嗎？」「對齁！」。多虧旁觀者清的學姐男友提醒，讓歷經連續多日觀察，導致體力超過負荷、早已神智不清的我們，能夠因此得救。God Blessing！

架網捕鳥像買樂透

黃鸝的鳴聲差異，引起了我們的興趣，因為傳說中，地理位置的長期分化，讓台灣黃鸝跟親緣關係應該較近的中國黃鸝長得不一樣。那麼，在中央山脈兩側的屏東黃鸝是否也跟花蓮黃鸝長得不一樣了呢？除了從單筒望遠鏡的觀察及照片資料中發現，兩地的黃鸝在眼睛虹膜顏色、過眼線寬度略有差異。目前台灣黃鸝被歸類跟中國的黑枕黃鸝屬同一亞種，但經過比對，其實屏東族群與日本黃鸝在外觀上較為接近。

分類上的外觀鑑定，往往見人見智，如果能夠採到血液進行DNA序列的比對，便能夠提供輔助的判斷依據。於是，為了採到血液，黃鸝捕捉工程於是展開。一般狀況下，有些鳥類築巢高度低，可以利用清晨黃昏鳥類離巢、回巢，視力較差的時機點，將網具架在巢的附近，便很容易捕捉到目標個體。但屏東的黃鸝巢築幾乎都在二十公尺以上的麻六甲合歡上，飛行時，總是在我們遙不可及的高度，怎麼辦呢？好！既然巢那麼高，但總要下來吃東西吧！我們開始觀察他們覓食的路徑，發現有一對常飛到築巢樹後方的姑婆芋叢中吃果實，不過黃鸝跟其他的鳥比起來，真的很聰明，如果在天亮後才開始架網，會被黃鸝發現並且避開該區域，這樣，我們只得另覓良辰吉日重新再來。經過幾次的觀察後，決定提早架網時間，因此一行人在在濛濛暗夜中抵達樣區，趕在太陽升起前將網具架好，看看能不能不被黃鸝發現，但終究那麼緣鏗一面。

每一次的架網，都像買樂透，但也不全然憑運氣，「經驗」是非常重要的。就像識途老馬的刑警，可以靠面相掃描就能嗅出吸毒、走私犯的味道；資深的鳥人，用隼眼般的觀察力，一樣能判斷鳥類行為的蛛絲馬跡。因此，架網的地點選擇，通常是由團隊中最老資格的助理做決定，我們其他毛頭、小囉囉們將網架好後，就像賭客期待押注的賽馬通過終點一般，屏息以待，期待黃鸝會通過我們的網具。

曾經有一次，黃鸝在我們的注視下，一頭往網的方向飛去，當時，眾人屏住呼吸，彷彿時間凝結，眼睜睜地看著黃鸝輕盈地轉向，從網的上緣揚長而去⋯⋯

如果失敗，就是下次再來，經過五到六次的嘗試，我們心裡都覺得，這是一個不可能的任務，內心的期待也被透早起床的虛弱感折磨得所剩無幾了。在一個原本不是規劃抓鳥的日子李，清晨的破曉鳴唱錄音工作結束後，「再抓抓看吧！搞不好今天會中。」一點說服力也沒有的語氣，助理微微地這麼說。

於是，我們分工架起網具，我愣愣地用石頭將固定座打入土中，學姐熟練地把竹竿插入固定座，另外兩個小幫手將尼龍網的兩端綁上竹竿，將網具展開固定完成後，大夥勉強睜開疲倦半闔的眼睛，安靜地等待。

等著等著，就在我幾乎是睡著了剛要入夢的一瞬間，似乎聽到幽微的聲音說「抓到了！」。

半夢半醒間的我，腦子裡猶豫了一下，不確定那聲音是不是在作夢，下一刻，馬上跳起，往聲音方向狂奔，「哇靠！真的抓到了耶！」還是一對。黃鸝們似乎很不甘願，發出一點都不美妙，類似烏鴉的粗啞叫聲，「可能在罵髒話吧！在說昨天晚上沒睡好才被抓。」助理說。不過，就是抓到了。近觀的黃鸝，身上的鮮黃其實帶有黑色細毛的點綴，實在太美麗，讓人懷疑，為什麼會在人類活動頻繁的地方，演化出這麼致命的亮眼外裝。

新加坡的黃鸝考察之旅

根據文獻的記載，台灣的黃鸝最早由英國冒險家斯文豪爵士（Robert Swinhoe）於一八五八年在屏東枋寮所記錄，當時的黃鸝族群數量仍多，常與大卷尾（台灣俗稱烏秋）共棲於村落旁的竹林地區。

有首歌「小黃鸝鳥兒呀！你可是知道嗎？」大家都是聽過的，歌詞中提到的黃鸝鳥兒，就在屋外的樹梢上聽女兒家的傾訴。可見當時台灣黃鸝的數量應算普遍，並且出現在家戶附近。誰知一百多年後，在我們歷經兩年走遍全台灣的調查中所發現的黃鸝不到一百隻。

為了考證黃鸝出現在人類區域活動的可能性，我們特別到了新加坡調查，結果第二天一早，由飯店出發，準備搭公車前往目的地的人行道上，突然聽到熟悉的口哨音，往斜上方一看，一隻黃鸝正在行人紅綠燈旁的行道樹上。當時能夠在繁榮都市中與黃鸝不期而遇的體驗，感覺既驚喜又複雜。

在新加坡的體驗非常神奇，過去我一直倡議的「城市生物多樣性」概念，在新加坡很容易體現；因為新加坡市區保留非常多有層次的大樹，所以在台灣僅會在鄉間農村出現的黃鸝，在新加坡的市區舉目即是；走在新加坡的市區人行道與公園綠地，會有一種舒服的感覺，即便新加坡的面積不到台灣新北市的二分之一，但是因為整體城市規劃分明，到了不同地區，會轉換截然不同的文化感，也容納不同的族裔在新加坡共存；同樣的，植栽規劃的層次多，也會涵養更豐富的生物多樣性。

新加坡對物種原始標本保存的完整，也令我印象很深刻，我們去參觀了萊佛士博物館（Raffles. Museum），目的是為了確認馬來西亞黃鸝亞種的原始標本，博物館的人翻開標本櫃，裡面有不同型態的黃鸝標本，以及手寫的文獻紀錄，包含年份、何人採集、地點紀錄，做研究有趣之處，就像是達爾文小獵犬號航行過程中，對於異地存在新物種的傳說，百聞不如一見的好奇心驅動。現代研究者，不容易再發現新物種，不過奠基在過去研究者的歷程紀錄中，我們得以窺見一些過往沒有察覺的細部差異：例如台灣的黃鸝，在東部跟西部的鳴唱聲音、外觀就是有明顯差異。那麼，更遠的距離之外，到底跟新加坡亞種的外型差異、親緣關係是什麼？也是當時我們千里迢迢跑一趟新加坡的原因。

只不過，從新加坡回台一段時間後，發生了一件事，讓我對新加坡市區能有黃鸝這件事，感到更為好奇。

兆豐獵捕事件的覺悟

那時候，原本要進行黃鸝鳴聲的研究。我想了解黃鸝在花蓮跟屏東，之所以有不同的鳴聲，到底是因為東西兩側的黃鸝鳥是來自於不同的地方，所以地理隔離導致基因差異造成後天鳴聲不同？或是因為生長環境因素不同，所需要傳遞的聲頻差異而造成演化出不同的鳴聲類型？

鳥類鳴聲確實是很有趣的題目，很多文獻都提到，同一種鳥，在高速公路旁及在田間，使用的聲音是不同的，因為要避開會被背景車流聲屏蔽的低頻音，鳥在公路旁會偏好使用高頻鳴聲來溝通；森林裡的鳥類因為開闊環境，會使用比較低頻的聲音，來達到遠距離的傳播效果。

當時要觀察屏東、花蓮兩個樣區，我的時間分配往往就是一周在屏東，一周在花蓮，所以當隔週到花蓮時，都會發現一些失落的環節；例如，前兩週還在觀察的巢突然就不見了。

一開始發現巢不見時，我們以為是周邊環境干擾，導致親鳥棄巢，還特地去問了樣區農場的工作人員，是否最近有大規模的修樹、除草行為，嚇跑了鳥？當農場人員回答「沒有」時，我們只能繼續找尋新的巢，重新進行觀察。

尋找新巢的過程，耗費體力卻又有趣，因為要在偌大的樹林中，找到小小一顆鳥巢，除了考驗眼力，更是考驗耐心；那時候的眼力被訓練到對於「枝幹交叉的樣子」特別敏感。生態學研究中，有一種粗略的辨識方式，被戲稱「氣質辨識法」，學長都會說：「看久了，那種氣質一看就知道」，所以尋找新鳥巢也是用經驗判斷，看在哪一種樹、哪一種類型的枝條是黃鸝特別偏愛的，就可以縮小在茫茫樹海中搜尋的範圍。

每當找到一個巢，我們研究人員也得找到隱蔽的地方躲起來，進行一整天的觀察，因為黃鸝是平地的鳥類，研究樣區通常又炎熱，蚊蟲又多，所以也訓練出了我很耐曬、蚊蟲免疫的體質（被叮了也不會很癢），不過最後，我還是放棄了這個研究。

放棄研究，不是因為研究環境嚴苛，而是因為，在尋找黃鸝巢的時候，變成獵人同時鎖定的目標；兩周一次的觀察，造成獵人尾隨我們，在我們離開後，就去摘巢，把雛鳥拿去市場賣，這是為何我們觀察的巢，在下一次常會不見的原因（當時沒有確切證據，但根據事後訪查，發現鳥巢因此消失的可能性很高）。

因此，我內心出現很大的掙扎，到底要不要繼續這個研究。因為這個研究的初衷是想要證明在台灣族群量已經少於二百隻的黃鸝們的繁殖成功與否？會受到那些因子的影響？就是為了要能進一步擬定保育計畫；但是，如果影響黃鸝繁殖的不是天然因素，而是人為獵捕，那麼，相關研究者的存在是否反而成為黃鸝生存的關鍵影響呢？所以，最後，我決定放棄這個研究。

這次的經驗也讓我想到，如果黃鸝在台灣市區成為常出現的鳥種，肯定會有獵人加入狩獵的行列，在新加坡難道沒有這樣的狩獵市場？但既然他們行道樹就有那麼多的黃鸝，或許市民也不覺得需要養在家裡了。而另一種可能是新加坡政府的嚴刑峻法，讓大家知道不能亂來。

一之三

燕鷗──救或不救？研究者的兩難

生態人的命運，就是隨遇而安。

因為不想害黃鸝被抓，我沒有繼續花蓮黃鸝的研究。這個轉折也促成我研究海洋的開始。為了完成碩士論文，我跑到了澎湖的無人島，去數鳥蛋。

每年夏天，燕鷗都會大老遠地從六千公里外的南半球，飛到台灣來生小孩；而他們選擇繁殖的地點，就在澎湖玄武岩保護區。由於是保護區，一般人無法自行登島，因而成為燕鷗安全的育幼環境。

當時在我的生命經驗中，完全沒有去過澎湖，非常陌生；因為已經碩士二年級了，論文題目需要趕快決定，而且，澎湖有一位在當地當國小校長的學長鄭謙遜，也是台灣的燕鷗專家，對我來說，他的出現就是碩士生涯中的一盞明燈。

於是，我準備好所有的研究器材，包含個人家當，背包一揹，搭上台華輪就出發了。我老母事隔多年後才跟我說，當時，她看著個子不高的兒子，揹著四、五包行李，走上台華輪的那一瞬間，她心裡想：「這個孩子為什麼要挑這麼難的路來走呢？」只是，任誰可能也沒想到，這一步，就是一個關鍵的轉折。

人生轉折可小可大，起碼到澎湖做研究的這段經歷，改變了我的食性：二十歲之前，我對於各種海鮮有著莫名恐懼，小時候曾經因為不吃魚，讓媽媽把魚搗碎加在飯裡，以為這樣就能騙到我，可是我對魚真的很敏感，只要有一點魚在飯裡頭，我立馬把整碗飯推開。

隻身來到澎湖做燕鷗研究，起先是借住在學長家，因此才知道在地澎湖人的早餐是——鮮魚麵線。當我看到餐桌上沒有其他可以讓我掩飾對海鮮敏感的食物時，只好硬著頭皮開始吃起鮮魚

在澎湖無人島上做研究時，時間都用在觀察燕鷗上。

澎湖海邊落單的小燕鷗教會我許多事，不曾在我的記憶中消失。

長時間在毫無遮蔽的島上觀察燕鷗，皮膚曬得黑如碳。

為了遮陽準備帳篷。

麵線；原本以為吃海鮮的苦難開始，但沒想到，澎湖的魚吃起來，竟然跟台灣本島的不一樣！完全沒有那種我懼怕的腥味。從那天開始，我不敢吃魚的結界就被打破，現在的我，超愛各種海鮮，食性從二十二歲的那天開始，有了大轉變。現在在台灣，我常心心念念著澎湖的海鮮。

我跟著學長大約每三天會登島一次，我們雇用老船長駕駛漁船，總是約早上五點半在白沙岐頭港集合。我從租屋地騎著機車，先去早餐店買早餐加午餐，然後在朦朧的天色下，半夢半醒之間疾駛二十分鐘，彎過許多髮夾彎，到達港口；緊接著盤整裝備上船，就開始一天的研究行程。

在無人島做研究，不是這麼簡單的事情。首先，必須要克服沒有碼頭停靠的問題，船長根據四十年的航海經驗，會先在我們要登島的附近礁棚停船觀察，再目測潮汐的浪湧，挑對浪與浪間起伏小的位置，然後大喊「一二三跳！」，讓人先跳下去，裝備再丟下來。不要小看這個動作，曾經有不熟悉跳船作業的研究人員，為了登島紀錄燕鷗繁殖畫面，結果「一二三跳！」沒聽好口令，撲通一聲，掉進海裡，人沒怎樣，但是價值八萬元的相機就沒了。

酷熱的環境不減對研究熱情

澎湖冬天的風勢非常強勁，樹木都長不高，無人島上幾乎沒有什麼樹木，因此登島研究最難熬的就是太陽強勁的中午時間，地表溫度接近攝氏五十度，沒有樹蔭可以遮陽，若是再加上沒風，真的是會全身灼熱。

為了度過正午燠熱的兩個小時，我跟學長嘗試過各種方法：例如，帶迷彩帳篷。但是光要攜帶一個帳篷跳船，就非易事，更何況從登陸的礁棚，到研究的山頂，還有三十分鐘左右的路程。坦白說，在野外做研究真的不容易，不但要克服人的原始惰性，要耐得住性子，還有基本的體能，真的是一門野外修行。

帶了帳篷，兩個人可以擠一擠，有時學長還會利用中午時間去拍攝公鳥和母鳥交班孵蛋的畫面，我就樂得一個人獨享帳篷；雖然說是帳篷，嚴格說起來，也就是一個遮蔽太陽的布簾跟簡易支架。不過在無人島上有這種「設備」，已經是阿彌陀佛。中午的餐點，我通常會帶冷凍的八寶粥，或是早餐多帶一個「吐司熱狗捲」，因為說實在的，天氣那麼熱，根本什麼都吃不下，最好入口的，就是還有一點冰涼的流體食物。

我們在無人島樣區，整天都在記錄鳥類的繁殖情況，一個島上至少有五百到六百個不等的巢（雖說是巢，但其實燕鷗就是直接下蛋在地上或在岩石縫），每一個巢都要紀錄繁殖的變化。我們會紀錄下蛋時間、孵化情況（有一些卵會被攻擊、或是孵不出的死卵）、雛鳥孵化日數、還有很多的環境參數。例如：植被密度、岩石的隱密性等等，透過紀錄來了解不同環境下，對於燕鷗的繁殖成功率是不有影響。

這個研究計畫有很大量的資料蒐集，所以後續統計分析結果都還不錯，能看出一些影響繁殖成功率的可能端倪。猜猜看，有哪些燕鷗比較容易繁殖成功？讓蛋成功孵化？

答案是：在繁殖早期下蛋的燕鷗，比較容易孵化成功，因為他們會被下在植披比較隱密的環境，而且早期下蛋的鄰居比較多，能夠取得共同防衛的機制，但如果在繁殖晚期才加入的，繁殖的成功機率會下降很多。

甚至有些時候是鳥爸媽很久都不回來孵蛋，想當然爾，這些沒有受到親鳥呵護的蛋，很容易就會龜裂（澎湖的強風及高溫導致）或是被天敵攻擊，讓繁殖失敗收場。

當時，我們還有設計了一些有趣的實驗，例如：把蛋拿走移到旁邊，原本的巢放一顆假蛋，看看鳥爸媽回來會孵哪顆蛋？或是改變巢附近的環境特徵，看鳥爸媽是否認得自己的巢？

猜猜看燕鷗在茫茫蛋海中，如何確認哪顆蛋是自己的呢？

觀察發現：燕鷗主要不是認得自己的蛋，而是辨識巢附近的環境特徵（例如，石塊分布或周圍鄰居）藉此辨識巢的位置，但卻不認得自己的蛋；甚至有時在巢沒有蛋的情況下，都還是坐下去孵蛋；但只要改變巢附近的環境，燕鷗就不會再進巢。但是有少數情況，某些種類的燕鷗會認得自己的蛋；有趣的是，有兩個案例，是不同燕鷗同時下蛋在同一巢內，結果如何？其中一巢被遺棄；另一個巢，是被能夠辨識自己蛋的燕鷗，繼續照顧，但幾天後，燕鷗卻把另一顆不是自己下的蛋，給踢出巢外。

這就是大自然觀察有趣之處，雖然在大熱天、揹著相機及器材，來回在無人島上觀察紀錄，殘酷高溫的天氣，卻沒有讓我們熱情退縮，更讓我增加了忍耐跟找地方納涼的本領。

如何找地方納涼呢？一開始我們是背帳篷到研究地點，在沒有樹蔭的無人島上，正午時有個帳篷遮蔽已經很不錯；但帳篷的缺點是沒有風的時候，待在裡面會更悶熱。後來，我想了比較簡單的方法：帶蛙鏡。當正中午的時候，我就下到海水裡面泡著，一開始有點恐懼，但習慣了之後，才發現水下世界實在太美，也啟發我日後熱愛潛水的原因。

在沙灘研究，看著一顆顆的蛋，孵化、雛鳥羽翼漸豐，經過三個月的時間，從半滾半爬，進化到羽翼伸展，然後起飛，離開了澎湖無人島，回到他們冬季的棲地，那種感受是無以言喻的。時至今日，當我在人群中（特別是複雜的政治環境中）感到煩悶的時候，就會回想這段無人島上的日子。雖然身體承受高溫炎熱的壓力，勞力付出的汗水是艱辛的，但內心是自在富足。

在真正嚴苛的環境下，人的需求是簡單無華的。只要想起，經過一整天的烈日曝曬後，回程的船上，老船長總是為我跟學長準備一人一碗剉冰，看到那碗剉冰時，心裡的喜悅真的不是普通的「爽」字能形容。

而有時候，我會想起那隻在澎湖海灘上，沒有能長大的小燕鷗。

我們曾經觀察過一隻落難、出生不到兩週、全身覆滿絨毛的小燕鷗，不知為何，發現他的地點距離原本巢區太遠，他虛弱地張嘴啾啾叫著，但親鳥似乎找不到他。根據國外研究指出，燕鷗親鳥尋找雛鳥的方式就是是靠著雛鳥鳴聲些微的差異。

等不到親鳥回來的小燕鷗很焦急吧！至少發現他的我們很焦急。不料，天公不作美，居然下起了雨，小燕鷗就被淋濕了。

我們在旁觀察了很久，親鳥還是沒有回來將他包覆在羽翼下，再這樣下去，他應該會因為淋濕而失溫。身為動物行為的觀察者，看過不少未能順利孵化的死胎，或是孵化後被螞蟻攻擊的雛鳥。對我們來說，旁觀是介入大自然的方式，生命的殞落，在整個生態族群中，是基因汰弱擇強的自然機制。

但是人總是有感情，特別是對自己投入了心思去做的事。即使只觀察了一小時，我們已經很難把這隻孤弱的小燕鷗視為自然汰擇的個體之一而已。於是，百般掙扎後，實在不忍他再繼續淋雨下去，就從研究樣區把他帶回家餵養。除了用毛巾覆蓋保溫，我們還嘗試用切丁的丁香魚餵食，但過沒兩天，小燕鷗還是走了。即使餵養小燕鷗的時間只有短短兩天，但小燕鷗已經教了我許多，也不曾從我的記憶中消失。

燕鷗帶我進入水下世界

一切的起心動念，常常都是誤入歧途，然後發現另一個世界。

當從工學院轉生物科學院時，A 學長笑我說：「這麼簡單就被拐進來了喔？確定沒有走錯路齁」？

我看了一下學長說：「啊？你不是還在這裡！」

從事鳥類研究，需要高度耐心，因為要一直待在同一個點進行觀察、克服炎熱曝曬，蚊蟲滋擾，同時還要保持清醒，因為任何一個關鍵畫面，都可能在分心不留意之間就溜走。《國家地理頻道》、《探索頻道》上，那些賺到很多點擊率的生態照片，為了拍攝，不知道攝影師蹲了多少時間。

一個人在澎湖做研究，也練就出我獨立工作的本事。後來，我從學長家搬出，進駐到學校的替代役宿舍，又發生了一件永生難忘的事情。我有很多研究設備，因為替代役宿舍沒有櫃子，暫時姑且把設備都放在地上，

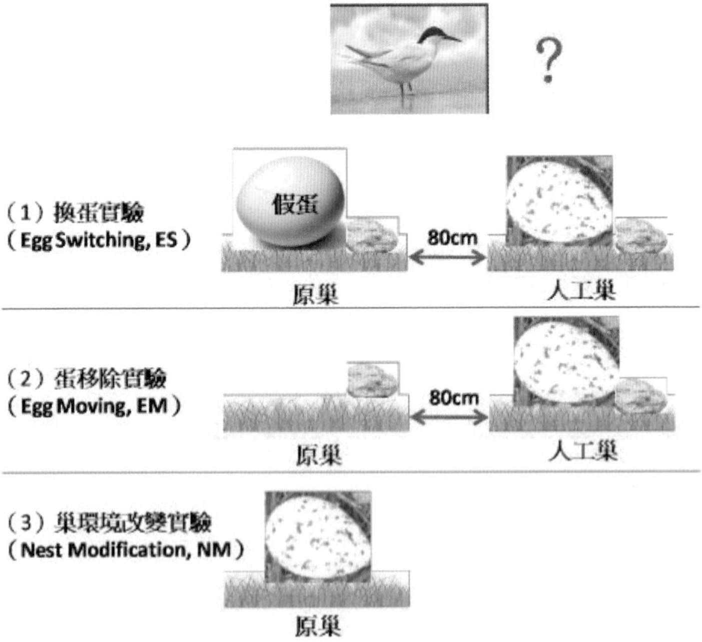

用不同的袋子分裝，往往要出海前，就把當天要用的設備裝好，提了就出發。

有一天，要出海之前，整理裝備時，突然覺得有點不對勁，一直聞到一股奇怪的味道……聞味辨位，是從某個背包裡面傳出來，於是，我帶著一點恐懼，翻了一下袋子，啊！差點就直接吐出來！是一隻錢鼠，死在裡面！

錢鼠是一種頭吻部很長、眼睛奇小的小鼠，會沿著牆壁爬行，會稱為錢鼠是因為古時傳說錢鼠會帶財，不過錢鼠有另一種別稱「臭鼩」，因為其特有的麝香腺，會分泌一種臭味，聽說臭到連貓都不吃。而動物死後，體內的排泄物都會湧出，因此那個背包混合了一種費洛蒙跟排泄物的詭異味道，畢生難以形容的味道，直到現在都還讓我記憶猶深。當時，真的很恨自己為什麼沒有把背包拉鍊拉好，才會讓沿著牆角爬行的錢鼠誤入，害了他的生命，也臭了我的背包。而那個背包清洗後，晾曬超過一個月才敢再拿來用。

燕鷗的研究，讓我更進一步的親近海洋，也是在一種「不得不」的狀態下。那時，從早上五點半到下午五點半，為了研究，我得待在無人島上一整天，澎湖的獨特的天候，造成樹不容易長高，尤其在無人島上根本沒有樹，地面又是反光的碎石子，正中午地表溫度居然可以高達攝氏四十七度，想了很多方式都無法克服炙熱難耐的折磨，最後想到最好的方式，就是準備一副蛙鏡，在正中午時泡在海中，真的有夠消暑！

不過，第一次要跳下水，也是有點恐懼，畢竟無人島周邊都沒有人、也沒有船，如果我怎麼了，可是直接消失在地球。所以，要下水之前，有問過船長，附近是否有暗流，然後我才敢稍微下水，往深一點的地方游去，一直到雙腳踩不到海底；然後，我往海中一看，驚呆了，好美的水色，湛藍清澈的海水，映射著正午波光嶙峋，那幅景象真的讓我對這個世界，有了不同想像，

澎湖東北三島的玄武岩保護區周邊，基本上就是一個大泳池，退潮水深不超過三米，水中沒有強烈的水流，水質又清澈透明，習慣泡在海裡的感覺後，有時會在一整天的研究結束後，在船長來之前，再泡到水裡一次；回想當時那一段經歷，雖然研究很辛苦，但酷熱一整天後下水的清涼，真的很令人難忘。

在澎湖下水的經驗，也引起我對廣褒海洋的好奇，過去常在山林裡活動，山給我的感覺，是一種沉靜；而海給我的感覺，是一種無盡；在海洋的空間裡，有太多的神祕，我常一邊潛水，一邊想像著沒有潛下的空間中，海蝕洞、海溝、海中大峭壁，3D的深度，沒有墜落的恐懼，有無窮的未知，這種未知，也像是一種牽引力，讓我對於「下海」這件事樂此不疲。而且，下海不貴，只要有蛙鏡、蛙腳跟防寒衣，打聽

當地水域的安全性，沒有疑慮，就可以下海體會海要告訴你的事。

台灣很多人不習慣在海中游泳，即便已經在泳池游了數十年，對於海水還是有距離感，我覺得這是一種海洋民族的遺憾。

關注海洋，也讓我開始關注海洋漁業。在親海的過程中，有很多的美好跟感動，而回過頭來，也覺得自己該替海洋做點什麼。人類從海洋得到的太多，然而看著海洋的廣納百川，成為民眾眼不見為淨的垃圾終點，看著繽紛的海洋生物，可能在下一代的海洋中消失，那我們似乎有點責任，為海洋做點什麼。

海洋的問題，有一部分是來自於過度捕撈，因為多數的消費者不認識餐桌上的魚，對於食物來源不清楚，也沒看過牠們在海裡活著的樣子，自然很難產生同理心；當海洋生物被單純視為海鮮食品，海洋生物的生命很容易成為無感的消耗。曾經在媒體報導上看過，某中部港口進港的漁船，因為捕獲漁獲量太多，擔心市場價格崩跌，直接在港口外，把幾十噸已經撈上船的漁獲，再倒回海裡，而這數以萬計的魚體，數小時前還是海中繽紛的生命，卻因人類私利已成為廢棄漁獲。

Chapter 2

海洋序曲

鯨豚、飛魚、鬼頭刀

二之一

開始接觸海洋，是從二〇〇三年參加黑潮海洋文教基金會的海上鯨豚解說員培訓開始。

那一年，是黑潮第二屆海上鯨豚解說員培訓，當時我大三，正面對一個徬徨的未來：不曉得未來該不該繼續念研究所？因為自覺對於本科電機的熱忱，沒有像其他一些同學來得強烈。

面對未來迷惘時，決定去報名鯨豚觀察營，或許是冥冥中的牽引。

小時候，對於海洋有點記憶的場景是爸媽帶我去墾丁的白沙灣抓魚。當時的白沙灣，有很多潮池，每個潮池裡都滿滿的熱帶魚，我們拿著一個橘色塑膠桶，掛上打氣設備，把抓來的魚一路從墾丁帶回高雄，為了能夠養活這些魚，還定期到西子灣裝海水回家換水，也會去買一些昂貴的蝦餌當飼料，不過，這些被抓回家裡的熱帶魚，不久後就因壓力差，出現了眼球突出症狀，過不久就死了。

即便如此，我還是很期待能夠再去白沙灣，看魚在潮池游動，成為年少的心靈中的無形印記；所以長大後，還是很喜歡到潮間帶做觀察；很可惜，白沙灣潮池的生物多樣性，沒過多久，就被毒魚的人給摧毀了。還記得最後一次去白沙灣，看到滿池翻肚的魚，我跟家人臉上的表情滿是錯愕，從那次之後，就沒再去過白沙灣了。

再度進入海洋的領域，已經過了二十年，這次是在船上學習如何從茫茫大海中找到鯨豚。看著遠方渺小的海豚躍起，必須趕快跟船長報方位，讓船隻稍微加速靠近，卻也不能靠得太近，接近時必須熄火避免對鯨豚的干擾，因為「鯨豚是大海的主人，我們是客人」，進到人家家裡，基本禮貌總是要有的。

除了生態旅遊的基本概念建立，培訓過程中有很多基本功課得做，包含每次出航時，我們都有一張觀察紀錄表，裡面紀錄內容很多，包含：發現鯨豚的座標、種類、隻數、有沒有親子對（媽媽帶小孩）、特殊行為、潮水方向、船速．等等，不要小看這張紀錄表，如果會暈船的人，要在船上做這麼多詳細的紀錄，簡直是要人命。

我是會暈船的體質，不過，黑友們（黑潮夥伴的暱稱）總是一臉戲謔地說：「多暈幾次就不會暈了啦！」說真的，那個暑假因為常坐船，後來也真的比較不會暈船；

我記得當時廖鴻基大哥，常常用一種形容：「就好像回到浸潤在羊水的時期，去感受那種韻律」很抽象吧！不過當在船上把身體放輕鬆的狀態，是真的比較不容易暈船。

不過，體質是無法改變的。當我以為自己已經不會暈船時，悲劇就發生了。有一次出海，通常一個航次會有三個隨船的觀察員，每個人負責不同的紀錄項目。那一趟，我負責記錄座標與船航行的背景資料，自以為帥氣地跑到最船頭，迎著破浪的海風，開心地感受海水稍微濺到腳上的快感，一時我忘了什麼是暈船，就在被海風吹拂的暖意包圍之時，突然發現鯨豚位置了；船隻馬達關閉，打算用無動力的漂流方式靠近這群鯨豚，我趕緊跑到船長旁邊問一些基本資訊，然後再回到船頭打算拿起紀錄表記錄相關資訊。

有乘船經驗的人都知道，最容易暈船的時刻，就是在船隻停止航行時。我忘記自己會暈船，在船停止時，還在船上前後跑，更是大忌，正當我要拿起GPS看點位資料時，突然一陣噁心襲來，「啊，慘了！」就以完全來不及反應的速度，直接把早上吃的東西吐出來。不巧，我旁邊站的是同期的一位正妹觀察員，因為有海上有風，我的嘔吐物直接隨風飄到她的臉上……那個梯次之後，同梯間傳出一個傳說：那位正妹後來再也不敢吃光合三明治，因為那天早上我吃的就是光合三明治！

飛魚浪漫滑翔的背後，只為逃生？

當兵的最後一站，是在恆春的三軍聯訓基地，因為進行當年度聯訓演習不能休假，因此累計了可以提早待退的假期；退伍前三個禮拜，我開始找工作。很幸運地，人生中第一份工作，就是跟海洋相關，而且是「海景第一排」。一退伍的第二天，就到中山大學海洋科學院報到。在那邊有學生時期戀愛的記憶，雖然我不是海科院的學生，但是重回西子灣，利用氣氛是一定要的，畢竟學校空間也是全體學生公共財的一部分。

我第一份工作，是從事飛魚的研究。

在黑潮海洋文教基金會擔任鯨豚解說員時，海上的飛魚，也是解說素材之一，不過，當時只能用肉眼一瞥而過，然後告訴遊客，幾點鐘方向，飛魚滑過海面囉！

飛魚是銀色的，在海面光線的照射下，約略可以從翅膀顏色做初步區分：有黑鰭飛魚、白鰭飛魚以及體型稍小的斑鯺飛魚；直到從事飛魚研究後，才知道光是台灣，就有二十幾種不同的飛魚，有胸鰭鮮黃色的阿氏飛魚，也有暗紅色的紅斑鰭飛魚，每一種飛魚的胸鰭，在海面上展開時，都有獨特的氣質。

飛魚的體型呈紡錘型，胸鰭特別發達，幾乎和魚體一樣長，又薄又透明的胸鰭還依種類的不同，會呈現互異的色彩與斑紋，真的就像是翅膀一樣。其實，飛魚並非搧動胸鰭來飛翔，而是利用尾鰭上長下短的特點，加速躍出水面，再張開胸鰭乘風滑行，因此飛魚其實是「滑翔」，最長距離可達上百公尺。

而且，飛魚也不是因為喜歡玩耍而自由自在地跳躍滑翔。關於飛魚滑翔的原因，目前有兩種可能的說法。其一，是受到了掠食者（如：鬼頭刀、旗魚、鮪魚或鰹魚等））追逐，才會滑翔逃命。另一種說法是像海豚不斷躍出水面的豚游行為一般，為了覓食。一九九三年的一篇研究報告指出，飛魚滑翔策略主要是為達到「最大距離」，也就是說，飛魚在意的是「飛得遠」，而不是「飛得久」，這樣的結果似乎間接加強了飛魚滑翔是為了躲避敵害之說。

當時研究飛魚，有幾個主要目的：一來要評估飛魚的資源量，二來想了解飛魚的產卵地，三來想搞清楚台灣飛魚跟日本飛魚的親緣關係。

從事生態研究的好處是可以打破行政地理疆界的拘束。當台灣船經過釣魚台會挑動政治敏感神經時，你可知道，台灣海峽的魚游過釣魚台，可是因為地磁感應的自然旅程。我們研究的飛魚，很可能從台灣東岸，隨著海洋黑潮一路向北，經過琉球島鏈，再一路到日本九州的鹿兒島；而台灣的飛魚哪裡來？很可能是來自和蘭嶼達悟族有南島親緣關係的菲律賓巴丹島。

為了搞清楚飛魚在廣袤海洋的移動路徑，以及在哪裡生小孩，研究中，同時要做兩件事：在不同地點採獲的飛魚基因序列的分析，以及繁殖性腺成熟度在不同區域及季節的比對，才能稍微推測出哪些飛魚可能來自同一個家族。正因為要追蹤飛魚的足跡，我得從台灣西岸跑到東岸，甚至獲得一些出國的機會。

有一次，安排去巴丹島，那是菲律賓本土北邊的一個島嶼，蘭嶼達悟族曾經在二〇一九年造訪過巴丹島，發現語言相通，島上有蘭嶼的芒果樹，當地還有類似蘭嶼的地下屋與飛魚文化；當時我去巴丹島的目的是要跟當地的漁業試驗所拿取當地飛魚標本。出發前，採集瓶、採集液、相關文件都備妥，帶著忐忑的心情前往，因為想像中的巴丹島，似乎是比蘭嶼更原始的地方。

到了馬尼拉，一個亂中有序的城市，銀行會外有武警駐守的地方。夜間感覺不是很安全，我跟學弟早早進了旅館，準備第二天一早搭六點的飛機，深怕錯過，因為下一班往巴丹島的飛機，是在三天後。

天色未亮，我們搭乘前一天安排的計程車前往機場，馬尼拉機場國內線櫃台只有小小一個，準備要行李過磅時，地勤人員面露疑惑地問我們要去哪裡？

我回答：巴丹島。他說：飛機剛剛已經起飛了。瞬間，我有種五雷灌頂的感覺。蝦米！我訂的電子機票是六點，現在才五點二十，你跟我說飛機飛了？

地勤人員解釋說，昨天有發一封信到乘客的電子信箱，提醒因為作業安排，飛機會提早一個小時起飛。我說：我根本沒有收到！

我追著問：下一班飛機什麼時候？有提前的航班嗎？

地勤櫃台說：下一班飛機是三天後，因為氣象預報有一個颱風要來，航班不確定是否會如期。

聽到這句話，我的世界彷彿崩解。這是我第一次出國採樣，如果這次搞砸，我要拿什麼回去面對老闆？更糟的是，菲律賓的網咖訊號不好，只能英文打字，另一頭氣急敗壞的老闆，不曉得有沒有完全接收到我的訊息。我卑微地說，這趟旅費我願意全額自費，而他最終的決定是：回台灣。因此，沒有去成巴丹島，成了飛魚研究期間的遺憾。

為了研究飛魚的資源量，我也在台灣各地的漁市場以及定置漁場採樣。那段期間

每一種飛魚的胸
鰭，在海面上展
開時，都有獨特
的氣質。

孵化 20 日齡的
小飛魚。

不斷地往來台灣東西部，有一趟到蘭嶼的行程，令我印象深刻：蘭嶼當地號稱「蘭嶼山豬王」的鍾馬雄替我們安排出海採樣行程，除了去拿人家捕好的魚，我們也要自己出海下網抓魚，目的是為了從單位增加漁獲量的資料，評估各地的飛魚資源豐度。

對於蘭嶼捕捉飛魚的想像，很多人可能還是停留在「火把＋獨木舟」的樣貌。其實，蘭嶼捕撈飛魚技術早已現代化，「舷外機＋浮刺網」已經是固定配備，跟在台灣沿近海捕魚的作業方式沒有差別太大，唯一不同的是，蘭嶼是夜間捕撈。

這趟蘭嶼夜間捕魚作業，令我留下難忘的印象：或許大眾會以為夜間在海上漂流，是浪漫行程。但是，對我這種會暈船的人來說，夜間作業根本如同置身地獄，因為白天暈船時，還可以藉由眺望遠方地平線來調整自己的視角及平衡感；但是夜間海面一片漆黑，那種頭重腳輕，腦液在腦中不停晃動的感受，只會被凸顯地更強烈。

所以那趟夜間出海，我是既期待又怕受傷害。不過，當頭燈一亮，海面的景象，讓我忘卻擔憂，入目所見是：飛魚在整個海面沸騰，我們根本不需要撒網，因為飛魚的趨光性，看到燈光，就直接飛到船上。飛上船的紅斑鰭飛魚，我們抓好固定後，放入活魚艙，但是幾乎來不及放好一隻，另一隻就又飛上船了……整個晚上都是如此的狀態。所以，那一趟出海，我沒時間暈船，甚至看著飛上來的母飛魚，因為意識到自己即將離開，奮力爭取時間，將金黃色漁卵排出來的霎那，有種奇特的感受。這樣的神奇的生物本能，卻能勾出人類自以為的同情心。

流星殞落的鬼頭刀

研究飛魚，絕對要了解飛魚的死敵：飛魚虎（鬼頭刀），在花蓮賞鯨船上，除了躍出海面的鯨豚吸睛之外，資深的解說員更會留意在船側被驚擾而躍起滑翔的飛魚下方，是否有一股寶藍色漁蹤追逐其後。因為這可能是鬼頭刀正在疾行追擊飛魚。

比起鯨豚，鬼頭刀更不常見，但被發現時，通常正在追

被捕撈的鬼頭刀會死命地翻滾掙扎，展現強勁的生命力。

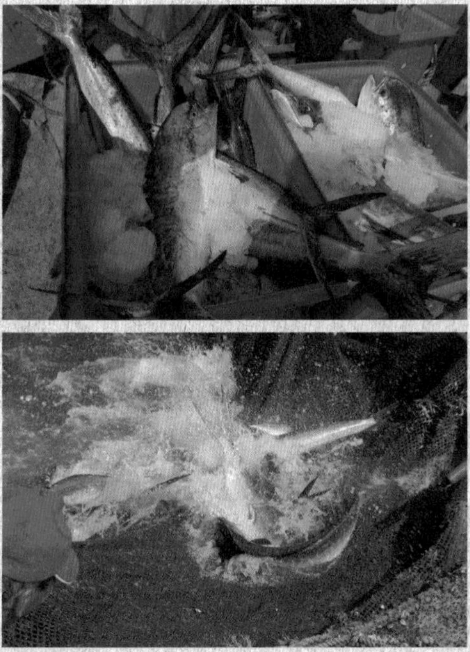

擊飛魚。鬼頭刀的公魚頭部隆起方正，彷彿一把菜刀，因而得名；而另一別名「飛魚虎」，則是因為飛魚是鬼頭刀的主要食物之一，捕食飛魚的鬼頭刀急速游動，像海中的老虎一般，因而得名。

漁民之間有個關於鬼頭刀的有趣說法：在台灣以南的海域，飛魚跟鬼頭刀是在相同季節（約每年二至三月）產卵，一起長大，但是鬼頭刀的長大速度快很多，因此當他們陸續來到台灣海域時，曾經是小時候作伙的游伴飛魚，有的已經成了食物。

研究鬼頭刀時發現，鬼頭刀的確是隨著飛魚到達蘭嶼的魚汛期後的一個月後，在台灣東海岸大量出現。所以，鬼頭刀是追著食物（索餌洄游）而來，這個說法應該沒有錯。不過根據我們的研究也發現，四至五月份出現在台灣東部的鬼頭刀族群，體型較大；而在十月鬼頭刀產季高峰時出現的鬼頭刀則體型較小，其中差異，可能也符合漁民說法：因為鬼頭刀是在二至三月產卵。

依據生長紀錄，鬼頭刀要長成完全體長，需要一年時間；而十月捕獲的鬼頭刀是在成長期、還沒轉大人的未成熟魚，所以體型相對較小；到了隔年春天，鬼頭刀已經接近成熟體長（轉大人），所以捕獲的魚體也較大；不過，研究時發現，被捕獲的鬼頭刀體型，有逐年下降的趨勢，可能反映在黑潮流域洄游的鬼頭刀，從菲律賓游到台灣的路程中，被捕獲壓力上升，因此被逼得要提早轉大人（在生態學上，如果生物族群生存壓力大，為了要提早繁殖，則可能會提早性成熟），所以導致整體的體型下降。

發現鬼頭刀族群體型下降的事實，並且缺乏對應的永續漁業管理策略，因此，在二〇一〇年中研院出版的《台灣海鮮選擇指南》中，鬼頭刀被列入「黃燈」也就是「斟酌食用」的海鮮魚類；近幾年，台灣漁政單位發現這個問題，結合漁會、魚販、加工業者及貿易商，開始建構台灣走向符合永續漁撈的漁業改進計畫，並且力圖取得國際生態標章認證，雖然迄今尚未成功加入認證，但推動的漁業改進計畫受到認同，甚至成為台灣第一個被國際永續漁業網站登錄的魚種，所以在二〇二一年公告的《台灣海鮮選擇指南》改版中，鬼頭刀已經從黃燈警示降為綠燈，成為「可建議食用」魚類。

逝去的寶藍色光澤

鬼頭刀的生命力，曾經與之拚搏的漁人感受最深刻。

我雖不是漁人，但是因為研究的機會，曾經隨著漁人出海作業。台灣東海岸沿岸有許多沿海而築的定置網。定置網就像是一個大型的攔截器，把洄游至此的魚類蒐集在網袋裡，漁人每天的工作就是上和下午，到定置網袋裡撈魚。跟夜市撈魚不同的是，定置網的規模很大，如果要撈魚，至少要動用兩艘「排仔」（水管做的動力漁筏），並且在船上安裝捲揚機，利用捲揚機將網袋捲起進行收網。

定置網是不投餌料的，所以網袋內的海洋生物各憑本事覓食。我取得作業班長同意，隨船出發，沿途的氣氛很輕鬆，船組員撈魚是例行公事，也蘊含了一種開箱的期待，船組員們會閒聊，猜一猜今天有沒有雨傘旗魚、旗魚舅等等大魚？當我問說「會有鬼頭刀嗎？」他們笑著回答「固定班底啦」！

船班長在閒聊間提到：定置網還曾經捕獲紅肉丫髻鮫、鯨鯊等等的奇特海洋魚類與生物，因此開啟跟水試所海洋生物研究中心合作進行標放的過程。因此，後來一但捕撈到保育類的海洋生物，會依照SOP的作業方式：通報、鑑定種類、確認是否需要標放追蹤。一般來說，研究人員平時要取得瀕危或族群數量稀少的海洋生物個體資料，非常困難，因此，東海岸的海洋生物研究，高度倚賴與漁民的合作。

當收網船靠近，是我最期待的一刻，把相機準備好，準備捕捉飛魚躍起的瞬間。有時，甚至可以近距離目睹飛魚騰空的水面下，鬼頭刀真的緊追其後，在生命即將到盡頭的前一刻，依然進行著大自然本能的獵物競逐；水面下的鬼頭刀游動彷彿一條移動中藍紫色帶狀星河，上頭點綴了帶著金屬光澤的青黃色星點，眼前在海洋中美麗炫目的色帶，讓人無法想像，死亡瞬間會即刻褪成黯淡黑色，變化是如此驟然。

鬼頭刀游速快、爆發力強，中鉤後的鬼頭刀會死命地在海面翻滾掙扎，被拖上漁船舺板後，不立即敲昏，便可能被他的強勁尾鰭打傷。邁向生命終點前的抵抗力量，除了與他費力拚博多時的漁民，即使在旁觀看的我們，也強烈感受到那股驚人的生命力。

海洋作家廖鴻基曾不只一次描述，「釣客常會先釣到母魚（母魚會先咬餌），但公魚雖然沒有上鉤，卻會一路陪伴被勾中的母魚，直到母魚被拉上船。」從文學的角度被描述為鬼頭刀公魚有情，但畢竟我不是魚，不知道魚瀕死的感受；然而，在自然界中，母狗會舔舐死去的小狗久不離去；八哥會圍繞被輾斃的同伴，看起來像是試圖喚醒同伴；我甚至看過被車撞擊墜落，生命逝去的蝴蝶，其成群的同伴緊貼著死去的他在附近空中盤旋，結果成群蝴蝶遭到後車撞擊的慘事……

鯨鯊、海龜、砂瑪磯 二之二

第一次看見海龜，是在澎湖的大義宮。那年，在澎湖做研究，聽人說，廟裡養著綠蠵龜。「靠，海龜雖然有靈性，也是小時候心目中的龜仙人，但他不是保育類嗎？怎麼被供奉起來了？」

於是跑去大義宮一探究竟，真的，六隻海龜！除了綠蠵龜，還有玳瑁，擠在十幾坪大、不及一米深的許願池裡。當時，我不知道他們被養在這裡多久了（後來聽說是三十年），但這跟我想像中的海龜很不一樣，因為他們幾乎不太會動。

第二次看見海龜，是在澎湖水族館裡，養著四、五隻綠蠵龜。這次的空間比較大了，我看見他們游動，其中還有兩隻朝我游過來，在我眼前停留，望著我。我望著他們，有股難以言喻的感覺。即使受困水缸，綠蠵龜的泳姿，看起來還是那樣的優游自在。不知道綠蠵龜望著我，看到了什麼？或許我不像其他遊客一般回應他們，或許是被別的事物吸引，也或許只是按照既定的軌跡移動，拍動了兩下鰭狀的前肢，就游走了。那一瞬間，我真的覺得，綠蠵龜在水的世界裡飛翔。

第三次看見海龜，是在沙巴西巴丹島（Sipadan）附近的水底世界。那一次，看見的是烏龜阿嬤（也可能是阿公），是隻殼長一米三十以上的大海龜。他在休息沒有理會我，我停下來，靜靜地看著他，他還是一動不動。

那個水底空間沒有其他潛水者，只有我跟海龜。那一刻，我應該把眼睛張到最大了，希望每個感光細胞都有記憶體，能夠把影像傳遞到潛意識中。在潛水的一小時裡，我看到了六隻海龜，有些跟海龜阿嬤一樣躺在海底礁岩上，有些則直接躺在白沙上，有些可能被驚擾到了，緩緩游開。一起一落之間，比在水族缸看到的更為緩慢從容，但是也感覺到，他們被打擾了。

總之，我看到了真正屬於海龜國度的樣子。

如果你還沒看過海裡的海龜，我推薦一部電影《在海裡飛翔》，這部影片當初我看到時，簡直被感動的無以復加，整個觀影過程，就是跟著他們的翅膀飄流，不知道，他們游得有多遠，但是我們知道，他們會再回來。如果那片海灘還在，如果那裡沒有防波堤。

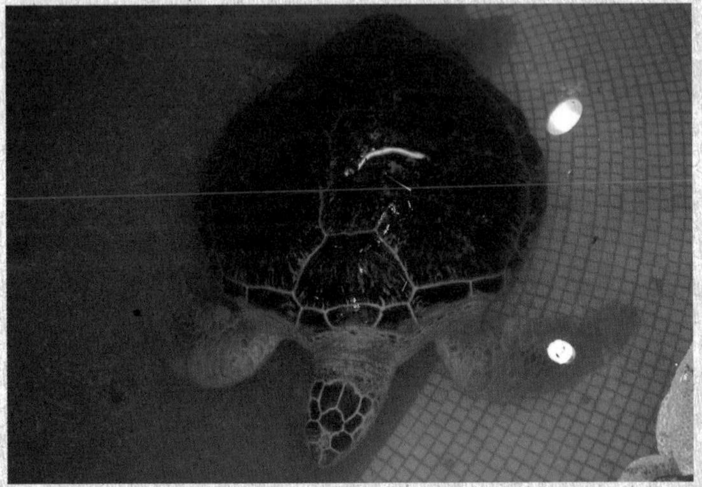

大義宮裡被
囚禁多年的
海龜。

海龜在大海
中才能悠遊
自得的換氣
游動。（攝
影：甘辰宜）

死亡海龜。

海龜在海裡
飛翔。

從食用「進步」到成為「觀光寵物」的鯨鯊

另一部海洋生物紀錄片《鯨鯊要回家》，也讓我很有感觸。

這是一段很哀傷的故事。

二〇一三年，在屏東海生館被圈養了八年的鯨鯊二號，原本預計要在屏東竹坑進行野放，但由於圈養時間長達八年，習慣了在水池內繞圈圈的游動模式，加上野放時正逢漲潮，二度擱淺後，才完成野放，但是二度擱淺時，魚身嚴重與礫石摩擦，鯨鯊情況並不樂觀。當時根據公共電視導演柯金源在水下紀錄的觀察，第三度野放時，鯨鯊幾乎是直接沉至水底。

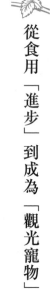

當時看了《鯨鯊要回家》的紀錄片段，看到鯨鯊第三次野放時，像是自由落體般緩慢的墜入深海中，留下的最後身影，呈現一個白色十字架的尾鰭，往深海墜落，逐漸消失在螢幕中。

當時我的心情跟致力於海洋生態調查的潛水教練郭道仁在影片中的表白一樣：「不值、不甘、不捨」。鯨鯊二號把自己的生命中的大部分給了海生館，八年的時間，成了夜宿大洋池遊客的浪漫回憶。但自己生命中的最後十二小時，卻在吊掛、搬運、拖拉、擱淺、摩擦、出血，一連串遠離熟悉環境的折磨中，最終，在繫繩解開後，沉入海底。

生命的最後，鯨鯊二號才發現，大海，早已不是熟悉的地方，在深邃海洋中完全失去野生動物應有對於自然環境的判斷。就像迷途的登山者，在寂靜無聲的叢林中失去所有對外可能的聯繫。鯨鯊二號大概不知道在海生館水缸中，他是從什麼時刻開始，早已失去了最基本的求生能力。鯨鯊溫和的習性，讓他在生命的最後一刻，仍無力反抗那些施加在身上的沉重期待。

不管是來自技術官僚希望野放不砸鍋的期待，或是保育團體希望鯨鯊二號活下去的期待，甚至，財團對野放後再引入小鯨鯊的期待，或許最後的那幾小時，鯨鯊二號寧願生命快點結束。對當初決定圈養他的人來說，鯨鯊二號的存在意義到底是什麼？帶著傷痛與謎團的他，總算遠離人類，回到大海的家了。只是一切都來得太遲。

我的心裡除了遺憾，也意識到在歷史案例中，牽扯到人與動物之間的衝突，通常都是不圓滿的收場。人與動物間的生活界線被跨越後，該怎麼面對那些應運而生的喜、怒、哀、樂，從來都是一項難解的習題。

榮獲Wildscreen二〇〇八年最佳劇本獎的的紀錄片《拯救路納》（Saving Luna）曾經深刻地記錄這個問題。加拿大卑詩省（British Columbia）峽灣裡的二歲大的虎鯨路納（Luna），遭鯨群遺棄，寂寞地獨自來到峽灣，主動靠近船隻、叼著漂浮在海面的枯樹枝，像小狗一般，希望人類跟他玩，進而與人類產生各式的互動。剛開始的時候，漁人船隻，對這位海洋嬌客的互動感到十分興奮，然而，並不是所有的人都對他友善，有些人認為路納的存在是一種不便，不旦影響了船舶航行作業，甚至弄壞了小船的船槳，於是宣稱要獵捕他。

加拿大漁業部門於是下令，任何人不得與路納接觸，讓他知難而退，離開人類世界；部分科學家則希望能夠捕捉路納，把他放到虎鯨迴游的航道上，回到野生族群的群體中；另一派保育人士則積極介入，透過引導讓路納接觸特定對象，避免產生對其他人的干擾。但是，各種做法都失效，因為路納具備的野性靈魂讓他不受控制，本不該跨越與人類藩籬的他，就這樣持續在峽灣裡待了下來。直到五歲的某一天，長期陪伴他的保育人士離開數日再回來後，卻發現路納已被誤殺（死因至今仍不明）。

路納是一隻虎鯨，在科學家的研究中，虎鯨與黑猩猩、灰鸚鵡一樣，是少數擁有自我意識，具有智慧的非人生物。這類原本與人類沒有交涉的野生動物，突然越過了與人類間的那道牆，不同領域間的官員、學者、漁民及保育團體都為了突如其來的闖入而感到為難，試圖為路納尋找回到屬於鯨世界的方法，即使在路納的眼睛中，透露的只是寂寞，需要陪伴的表達，但是多數的人們沒有意識到曾經人類的祖先，也是從荒野而來。生命的界線，本不該那樣分明。

鯨鯊二號從二〇〇五年被抓的那一刻起，生命也就無可逃脫的在多股勢力之間擺盪，當初海景集團從定置網漁民手中拯救了他，同時也囚禁了他；海生館員工熱切的為遊客解說關於鯨鯊生命育的同時，以及後來研究人員認為應該野放時刻到了。無奈的是，「鯨鯊的賣身契」不是保育意識的抬頭就能贖回。鯨鯊對海景集團來說，是無可取代的金雞母，能做的，只是用無止盡的繞水缸轉圈圈，讓不再感受到洋流溫度的身體細胞，在刻板行為模式中麻痺。

當野生動物進入人類的世界，各種的觀點卻想要為他選擇一條適合的道路，但忙碌了半天卻發現，適合的道路，往往不是人類說了算。就像路納是主動的窺探人類世界，鯨鯊二號原本順著應循的航道（洋流）而行卻被人類網具攔下；進入人類世界後，不管海生館解說員多麼認真，照護者多麼用心，都不能掩飾鯨鯊被囚禁的事實，活生生地成為生財的道具。瞠目結舌的餵食秀結束，大多數的觀眾是否清楚，鯨鯊是鯊，不是鯨？怎能宣稱這是海洋環境教育？水缸本來就不是他的家，怎成為永久居留的場所？

鯨鯊二號捕獲時，身長二公尺，經過八年的時間，成為七公尺的大鯊，但離鯨鯊成熟體長可長到約十七公尺，尚有一段距離。圈養的海生館宣稱，如果鯨鯊再長大，水缸就無法容納，專家評估可能導致脊椎病變、行為異常甚至死亡。如果一開始就知道海生館的水族空間不適合鯨鯊成長，無法容納鯨鯊在池內長大到自然死亡，是否該早早就提前進行野放的規劃？甚至，在國內野放技術尚未成熟，「放生等於放死」的情況下，日後是否應該全面禁止圈養鯨鯊？

鯨鯊的擱淺，讓野放過程的參與者同感到遍體鱗傷的心碎，很難也不該苛責這些工作人員。但，態度的認真，不代表行為的合理。錯不在野放，而在圈養。圈養的同時，應該已想到野放的一刻。國外專家說，鯨鯊最適合的圈養時間最長不超過二年，為什麼？鯨鯊二號在海生館一待八年，直到尾鰭面對堅硬的缸壁退無可退，蜷曲著身體才能轉彎時，才被倉促的野放？而缺乏規劃整合不足的野放，讓眾人滿腔的愛心，成為一種無言的凌遲。

儘管海生館說「這是一場生命教育」，那麼，鯨鯊在礫石灘上的張大鰓孔的掙扎是否喚醒我們對動物圈養的思考？國外的動物展場中，越來越多以骨骸、模型及3D影像展示來取代真實的大型動物，不正宣告一種生命教育觀念的進化？

我們該為這些因人受困的生命多點同理心，而非用環境教育的名義將動物展示的正當性「無限上綱」。畢竟，要離開水漾森林進入水泥牢籠、離開海洋進入水缸，從來不是動物自己選的。既然，是人類造成了他們的命運，妥善的對待，也只是最基本的義務而已。

從食用「進步」到成為「觀光寵物」的鯨鯊

鯨鯊又稱豆腐鯊，是過去台灣餐桌上的食物，二〇〇八年，台灣政府下令禁捕。菲律賓的歐斯陸（Oslob）及東索（Donsol）開始發展鯨鯊為號召的旅遊形式，但東索偏向以不期而遇的野外觀察，歐斯陸則利用餵食方式，將鯨鯊另類圈養在近岸地區。這兩種方式，相對傳統的獵殺，都是更永續發展的產業方式，但，還是有保育人士認為，歐斯陸的餵養鯨鯊，已經違反自然。

反觀台灣，當我們訴求無煙囪產業，認為觀光發展是提升環境品質的必要轉型方向時，台灣的生態環境、人文素養及觀光模式，是否已經具備轉型的必要條件？有許多號稱為深度旅遊的觀光行程，是否真正思考過深度旅遊的內涵？當二〇一九年帛琉提出「永續旅遊白皮書」，對中國不遵守生態旅遊規定的遊客，祭出遊客量減半的政策，台灣在觀光旅遊推動上，還是一直以遊客量為ＫＰＩ。

以價制量，在台灣的產業模式中，一直是遙不可及的願望。好不容易發展成功的「櫻花蝦產銷班」的例子告訴我們：原來抓得少，卻不會因此賺得少。但西子灣、太魯閣、小琉球等地區的旅遊，卻連年爆遊覽車班及爆船班。難道旅遊業得像農產品面對產量過剩，價格崩盤時，才發現，輸了土地，也沒賺到收益？

當媒體記者受業者邀請，撰寫當地報導時，能不能在餐飲旅店外，呈現當地原有的樣貌，才算是「旅遊寫作」？或是只能報喜不報憂地成為「消費報導」呢？旅遊報導的質量，或許也能反映出國家的人文底蘊，甚至，能夠影響旅遊的發展方向。

或許，最後得到的答案是種妥協：「先求有，再求好」，而，「有」跟「好」之間的距離，正是產業轉型的關鍵。而鄰國小島的發展經驗，應該可以帶來一些啟示。

案例一：西巴丹島的生態旅遊

西巴丹島位於馬來西亞沙巴東岸的小島（面積不到五公頃），早在二十世紀初年就被宣布為鳥類保護區，由於區內海龜數量眾多，在一九六四年成立海龜自然保護區。但是，即使成立為保護區，因無經濟效益及執法不力，在發展生態旅遊之前，當地居民是以捕魚及撿拾海龜蛋維生。一九八〇年後，在私人業者的推動下，逐步成為潛水勝地。

成為潛水勝地後，為了維護遊客的安全，海軍警力進入當地，讓原本非法炸魚及拖網漁業受到管制，四周海域的魚群及海龜數量逐漸回復，但席捲而來的是隨著觀光客增加與因應而生的度假村廢水，讓四周的海洋水質起了變化，水下的能見度從原本的六十米下降為二十至三十米。

為了永續海洋資源，馬來西亞政府遂於二〇〇五年一月強勢指示島上所有的度假村撤出西巴丹島，更限制遊客登島（遊客必須住宿於鄰近的島嶼，再搭小船至當地海域進行潛水活動），每日潛水客也規定限量約一百名。

大刀闊斧的管制下，西巴丹島的海洋生態得以維持，但伴隨著而來的是當地居民

馬布島（鄰近西巴丹）風景宜人。

巴丹島魚群。

和西巴丹島的潛水遊客合影。

的失業問題。馬來西亞政府一方面以補償金的方式補償當地居民之生活損失，一方面著手成立沙巴海洋公園，並輔導居民轉業成為巡查員及潛水生態調查員。為了將環境的外部價值內化為對環境的認同，馬來西亞政府在當地學校成立海洋教育小組及清潔小組（kampung clean-ups），鼓勵居民參與海洋公園的規劃，並以申請進入世界遺產為目標，來凝聚當地人的環境意識。

另外，為保護海龜的繁衍，馬來西亞與菲律賓政府合作，指定菲律賓南部延伸到沙巴東北外海的三個小島：舍林甘島（Selingan）、古利山（Gulisan）和小巴坤甘島（Bakkungan Kecil）為「龜島傳統資產保護區」（Turtle Islands Heritage Protected Ared; TIHPA），著手進行龜卵孵育、標記追蹤等保育研究，並與地方組織配合，進行海龜產卵地的巡守工作。

因為環境維持得宜，即使前往西巴丹需要經過飛機、計程車及遊艇等三道繁複且冗長的交通接駁過程，潛水客仍絡繹不絕。對群島國家而言，觀光產業是主要的經濟來源，其經濟效益甚至遠遠大於漁業所帶來的經濟產值。根據統計，平均一公里的珊瑚礁一年可以為地方帶來至少一百萬美元的觀光收益。然而，海洋觀光發展成功與否，關鍵還是在於海洋環境的維護。

案例二：帛琉以量制價

帛琉對於許多愛海的人來說，應該是天堂。四面環海的帛琉，遊客從旅館走到碼頭，步行約十到十五分鐘；在地舢舨的停泊點，更是日落時游泳的好去處。再加上帛琉的海水清澈，進到水裡，就可看見許多大型熱帶魚。我不禁羡慕，帛琉人每天在那邊游泳，根本是過太爽了。

不過，帛琉之所以能夠維持優美的海洋環境與當地國家觀光政策有關。帛琉的海洋生態聞名世界，觀光產值占了GDP的五一％，所以如何維持良好的觀光環境，成了帛琉重要課題。

二〇一七年，帛琉政府發表了「負責任旅遊的政策綱領」（Palau Responsible Tourism Policy Framework），提及帛琉觀光發展的市場定位，將減少對於生態環境威脅較大的低階套裝行程，改為發展高品質的旅遊市場。帛琉深知自己得天獨厚的海洋生態環境，因此在觀光浮潛區與潛水區域，嚴格禁止水產的捕撈行為。

進到帛琉機場，第一個會看到的是「遊客守則」，內容開宗明義提到：「為了帛琉的孩童和帛琉下一代的未來，在島上必須要以對生態負責的方式行動」。其中有幾點特別註明的禁止行為：

- 請勿採集海洋生物當作紀念品
- 支持在地的商業與社群
- 不餵食魚類
- 游泳時不踩踏珊瑚
- 勿亂丟垃圾
- 不要觸碰野生動物

除此之外，帛琉自二〇一八年起，對每位進入帛琉的遊客收取一百美元的「環保離境稅」（附加在機票票價內），徹底用行動展現對觀光永續發展的決心。即便二〇一七年開始，中國對帛琉發出旅遊禁令，禁止中國民眾到帛琉旅遊，而時任

二〇一七年帛琉政府發表了「負責任旅遊的政策綱領讓帛琉的海洋生態觀光聞名世界。（攝影：甘辰宜）

帛琉總統雷蒙傑索（Tommy Remengesau Jr）的發言令人印象深刻，他強調，「永續旅遊重視的是品質」。在帛琉旅遊政策綱領中顯現，內容很清楚提到：「團客及套裝式的行程，預先都支付旅行團費，而降低在地消費的機會，並且不懂得如何親近自然的旅客，會導致原本美麗海岸的環境遭受衝擊，反而喪失了帛琉觀光永續發展的利基」。

我特別去拜訪帛琉半官方的組織遊客管理中心（PVA, Palau Visitors Authority），他們提到對於當沒有中國旅客時，帛琉有很明確的行銷策略：在亞洲其他具備高階消費水準的國家與一級城市進行廣告（如台灣、日本、韓國），吸引其他地區旅客來取代中國旅客減少的衝擊。不過後來也聽聞，很多中國人為了到帛琉，會先到新加坡，再從新加坡轉機入境帛琉，為的就是能夠到這個西太平洋上的海洋珍珠一遊。

除了美麗的海洋景色，帛琉還有很多特有的海洋魚類，像是鯊魚以及拿破崙魚（俗稱龍王鯛），龍王鯛在台灣已被列入瀕臨滅絕的野生動物，全台可能剩不到三十隻，主要是因為早期被撈上餐桌食用的數量很多；但是在帛琉保護區的地方，海警嚴格巡邏，除了查驗遊客有沒有購買出海的環境券（有些海域要另外購買），也會查緝是否有非法捕撈行為；儘管在地漁民對於查緝難免會有抱怨，但是他們很清楚捕

小琉球美
景如畫。

小琉球海龜。

小琉球肚仔坪上的立牌寫著「80%海洋垃圾來自陸地」。

撈的範圍界線，只要在保護區之外，還是可以捕撈滿足在地供需的海產。根據我的觀察，帛琉的行政組織運作並沒有特別嚴謹，但是他們有強烈的海洋保育意識，把海洋當作是生活所需以及生活依靠，也理解唯有好好保護海洋，才能永續經營觀光產業。

案例三：小琉球禁用刺網帶來海龜

台灣也有很成功將生態保育轉換為旅遊財的案例，就是近幾年來吸引絡繹不絕國際遊客想與海龜共遊的小琉球。

古稱「砂瑪磯」的小琉球，我在很小的時候去過，至少隔了二十年沒有再踏上這個小島。二〇一四年，當年度往返台灣本島與小琉球的船班，總載運人次超過一百萬次，其中光是十月十日單日的旅客人數就超過一萬人；甚至最瘋狂旅遊旺季時，想要從東港搭乘前往小琉球的船班，登船班至少要等兩個小時。

究竟是什麼造就了小琉球的觀光人潮？答案是「海龜」。現在去小琉球，沿著海岸線飛一趟空拍機，就可以看見清澈的水面下，有一點一點的小黑點，每一個黑點，就是一隻海龜。

據估計，小琉球沿岸的海龜數量，已經超過四百隻，在小琉球潛水如果「槓龜」（沒有看到海龜），應該可以去買樂透了。甚至，不用下水，在岸上，就可以看到海龜浮上海面換氣的身影。

以往台灣民眾最熟知的海龜保育基地是澎湖的望安，不過，從二〇一四年開始，小琉球成了國內外賞龜的重要觀光區。曾經多次造訪小琉球的前世界海龜保育聯盟的主席 George Balazs 曾說，他從未在世界其他任何一個地方，看過數量密度如此之高的海龜。

熱愛潛水的我，也去過不少國外潛水勝地，一趟潛水航程能夠看到一、兩隻海龜，就很了不起；但是在小琉球，不用潛水裝備，只要浮潛，就可以跟海龜近身共游，真的是非常罕見。

造就小琉球特有「海龜共游」的起因，要從二〇一三年小琉球當地民眾自發性地推動「三浬海域禁用刺網」政策說起。二〇一三年一月一日開始，屏東縣政府正式實施「距岸三浬海域禁止使用各類刺不網作業，並禁止攜帶各類刺網具進出琉球各漁港」的措施，這是國內少數由漁會自行發起禁止刺網漁具使用的案例。

禁用刺網措施一開始遭遇部分阻力，然而小琉球居民都清楚：沿近海的漁獲狀況一年不如一年，如果不踏出改變的第一步，如何管制其他縣市船隊進入小琉球專屬漁業區的捕撈行為？「大家應該了解，三海浬的範圍是小魚長大的地方，如果連這個區域都這樣死命抓，以後哪來大魚可抓？」

禁用刺網措施需要搭配執法，二〇一〇年，當時的屏東縣縣長曹啟鴻長指示成立保育警察隊，由縣警局調派六名具相關背景的基層員警，到小琉球潮間帶擔任管理及綠蠵龜保育的工作。在地的志工組成巡守隊也扮演重要角色，由於小琉球沒有海巡艦艇常駐，阻絕非法漁業的巡察，必須靠在地人自己來。而當時小琉球漁會專員李益利號召一群志工，使用漁會ＣＴＳ級（舢舨）的公務船「小白」，成了當時巡守的主力。

禁用刺網還不夠，因為過往使用的廢棄刺網經常卡在礁石上，成為海洋生物路過就會掉進去的死亡陷阱，不論大魚、小魚、蝦子、螃蟹等，只要經過被卡住，就成為網上亡魂。

以往，綠蠵龜也常被卡在漁網上動彈不得，最後窒息而死。因此，如果沒有把水底下的廢棄網具清除乾淨，對於海龜仍是巨大的威脅。一但有海龜卡在網上，窒息而死，其他海龜就不敢靠近鄰近海域。小琉球漁會因此申請離島建設基金，組成海岸志工隊，每週定期下到海底打撈，除了撈除觀光客帶來的垃圾外，更重要的是將過去堆積的廢棄漁網撈上岸。前後花了兩年時間，總算清除了小琉球海底大部分的廢棄網具。

海底廢棄網具清除乾淨，再加上刺網禁止使用，減少了海龜在海中卡網的風險。由於，小琉球海域的營養鹽高，滋養藻類豐盛生長，成為海龜極佳的覓食場所。從二〇一四年開始，大量海龜聚集在小琉球岸邊，成了在此固定棲息族群，也改變了島上生活模式。在地人看到的自然資源的價值，開始經營深度的生態旅遊。

王添正（人稱添哥）是我在小琉球最熟悉的民宿經營者。對王添正而言，民宿是副業，生態導覽才是他的主業。添哥每天定時到海邊巡田水，掌握潮汐漲退牽動的海龜移動路徑，因此跟著添哥，總是能探訪「人少少，龜多多」的私房景點；添哥喜歡帶著旅客沿著海岸行腳，一路介紹海龜特徵、覓食習性以及小海龜如何在沙灘上孵化，幼生期躲在馬尾藻海草叢中，長大後在大洋中尋覓配偶，最後又回到原出生地產卵的生命史。

因為海龜回來了，小琉球發展出以海龜為主要號召的生態旅遊，附帶的，還有潮間帶的生態觀察。目前，小琉球規定幾處特定潮間帶實施總量管制，遊客必須在當地解說員的帶領下才能進行海洋生物的觀察。而解說員必須經由屏東縣政府訓練，通過鑑定才能上場。解說員的任務除了帶領遊客進行生態體驗，同時也具有約束遊客行為的責任。在杉福與漁埕尾兩處潮間帶，每年十二月至隔年三月封閉休養生息，隔年四月才會再度開放，目的是降低遊憩帶來的生態衝擊。

小琉球的旅遊模式，已從消耗式的撈捕食用，轉變為將生物留在海裡，創造永續性利用的發展方式；而近期更有民間團體海湧工作室與台灣咾咕嶼協會推動的「咕咕幣」，利用回收保麗龍製作的海龜造型貨幣，可以用來兌換島上的「琉行杯」及「咕咕碗」，藉此倡議減少使用一次性餐具；有民宿業者也自發使用減低污染海洋的洗劑，因為目前島上仍然沒有健全的污水回收廠，所以民生廢水會造成鄰近海域的龐大負擔，長期而言對於海龜的健康可能造成影響。

從小琉球的經驗中，可以明白一件事，如果要成就獨特，必得先特立獨行、行事獨立。漁會自發禁用刺網，開全國首例，到目前為止，也沒有其他地區的漁業管理措施做得如此落實。沿近海漁業管理做的確實，以量制價的另一個案例，是東港的櫻花蝦。有一句話，「捕的多，不一定賺得多，捕的少，也不一定賺得少」，東港櫻花蝦產銷班每日限定二十箱的捕獲量，如果多抓的被發現，就得全數倒回海裡。因為「限量」，創造出高單價的櫻花蝦，就是最好的例證。但其實，櫻花蝦產銷班發展初期，也是經由日本水產商的介入，以保價收購的方式，才得以控制整個市場的捕撈量。

被宗教囚禁的海龜

有一個很開心的消息。經過三十多年的圈養，被澎湖大義宮當作財產的海龜，總算能回到大海的懷抱。

二〇二二年七月，澎湖大義宮決定放棄圈養了三十多年的五隻海龜所有權，將海龜讓予澎湖縣政府，澎湖縣政府目前規劃，在野生能力訓練後，評估是否將海龜進行野放。

我第一次看見大義宮的海龜，是在二〇〇六年研究所到澎湖進行資料蒐集的時候。當時覺得這麼小的池塘，這麼淺的水深，卻養了五、六隻海龜，每隻海龜能夠游動的距離，就是自己身長的四至五倍距離；當時聽到廟方飼養海龜是因之前從漁民手上救援後，就一直養在廟裡。

二〇一三年，再次去大義宮，當時我自己組織了海洋保育團體，也開始從事潛水活動，對照海裡看到海龜的悠然自在，大義宮的海龜只能在非常狹小的範圍內游動。

在海中游動的海龜，前肢展開有如翅膀一般，但是大義宮的海龜，在水深不足的環境中根本無法伸展，甚至海龜背甲因為水淺，長期暴露在空氣中，看出龜甲不是很健康。被長期圈養在水池中的海龜樣態令人感到難過。而當時身為一個外地來的觀光客，有著好像做不了什麼的無力感。

當時我把對大義宮海龜的觀察狀況，告知台灣動物社會研究會（簡稱動社會）。當下的情緒是，面對問題束手無策時，把無力感講出來，好像就是一種交代了。而動社會卻持續關注這件事，想辦法透過政治遊說的介入，希望能代為處置海龜。不過，廟方態度仍表示海龜為信仰象徵，不願意讓海龜交由其他保育單位處置。

二〇一七年，動社會持續關注，持續表達希望廟方釋放海龜未果，折衷要求廟方改善飼養環境；二〇一八年動社會再度為此召開記者會，要求農委會主動面對處理這件事，但因為大義宮飼養海龜是在一九八九年野生動物保育法立法前，基於「法不溯及既往」，農委會並沒有積極處理。

直到二〇二二年七月，動社會揭露大義宮發生兩周內三隻海龜陸續死亡的事件，才啟動社會各界響應，要求大義宮釋放海龜。廟方在多方要求壓力下，召開大義宮委員會，決議讓出五隻海龜所有權，將所飼養的保育類海龜全數捐贈給澎湖縣政府。

從二〇〇六年到現在，中間其實已有十幾隻海龜在大義宮的池塘中死亡，其實死亡並不是絕望，比較絕望的是本來悠游大海的海龜，終其一生在僅能容身的池塘不得回到大自然的環境。

雖然說廟方的決定，是遲來了，但也是謝謝廟方這個決定，更謝謝台灣動物社會研究會一直努力不懈於這件事，五隻海龜目前交由澎湖縣政府安置在野放前的訓練池，希望不久後，能看到他們回到野生環境的一天。

漁獲、漁法、水產市場 二之三

我開始關心海洋資源的問題，是因為在澎湖進行研究時，連漁民自己都在說，「燕鷗變少，是因為魚變少；丁香魚變少，鳥吃不飽，當然減少生產啦！」這是漁民的推測，不過，這樣的推測其來有自，而就在研究所畢業十年之後，澎湖的海膽開始進入總量列管名單。

澎湖目前管制每年的七月一日至八月三十一日才能採捕馬糞海膽，在管制之前是每年五月中至八月底開放採捕，卻發現這樣的採捕期過長，依舊造成海膽的資源枯竭，因此又在二〇一八年修正採補時期縮減為兩個月。日本海膽採捕的管制比台灣嚴格，沖繩古宇利島在二〇一三年發現海膽族群危機，直接禁捕三年，並持續監測海膽資源量，直到回復一定數量才開放；然而台灣要全年禁止採捕的難度頗高。海膽因為移動範圍很小，在採捕開放前漁民早已先至水下將海膽集中，待捕撈期一開放，便整籃帶走，因此往往三天內，海膽就所剩無幾。

海膽變少也反映在價格上，以前一顆一百元可以吃得到，開始管制後已經漲到要單顆一百五十元以上，近兩年更漲價到一顆兩百五至三百元；所以有人戲謔地說，「不用保育了，反正貴到吃不起，就不會有人吃了。」不過，真到了那個時候，海膽的族群密度可能也低到無可回復的程度了。我當時提出一個具體建議，就是由社區自己認養專屬的「社區專用捕撈區」，讓社區自己參與海膽的維護，才會從「反正海是公家的，我不抓別人也會抓」變成「社區私有」概念，才有機會翻轉海膽的命運。不過我從二〇一六年開始倡議這件事，迄今只有規劃海膽苗放流復育區，理想中的社區自主管理機制，仍未發生。

崩潰的水產市場

中國因為玻璃心發作，用各種理由禁止台灣水產品銷往中國，但是台灣跟中國的水產會因為禁止就暫停交易嗎？恐怕未必。台灣海峽中線是兩岸政治與地理上的結界，但魚，可不管。特別是，中國一直有許多繞道來台的海鮮。

像是過年常吃的黃魚，在台灣買得到的大部分是來自中國沿岸養殖，而養殖黃魚跟野生黃魚的價差，高達十倍以上，但如果消費者不知道，很可能就被不肖業者誆了；買貴了，是損失荷包，但是水產品來源不透明，還可能危及健康，例如，有一陣子火鍋店賣的魴魚，其實很多是來越南河川的鯰魚，越南的污水系統比台灣落後，民生污水就直接入河，水質不好，捕撈上岸的鯰魚，還要經過長途運輸，為了要避免腐敗，加一些殺菌劑，例如硝基呋喃，但這卻是違法用藥。而被鯰魚吃進肚子裡除了殺菌劑，還有污水中可能有的工業染料孔雀綠，都還含有對人體有害物質，甚至這些用於水產品的保鮮劑或殺菌劑，被證實會致癌，但是消費者又怎麼會知道呢？因此這些來源不明的進口水產，都隱藏著食品安全疑慮。

水產來源不透明背後的問題，是在於漁業管理失真。曾經，台灣遠洋漁業被歐盟黃牌，差點被全面禁止銷歐，主因就是台灣漁獲申報一直都不確實，我們漁業年報上的資料，只能看相對趨勢，但看絕對值可能都失真。漁獲資料不確實，就沒辦法評估資源量，對於全世界面對的漁業資源枯竭的魚種。例如，瀕危的黑鮪魚、特殊種鯊魚，就必須要根據評估，決定是否要控制捕獲量，以避免全盤的資源崩潰。

有一句話，「捕的多，不一定賺得多，捕的少，也不一定賺得少」。東港櫻花蝦產銷班每日限定二十箱的捕獲量，創造出高單價的櫻花蝦，就是最好的例證。但其實，櫻花蝦產銷班發展初期，也是經由日本水產商的介入，以保價收購的方式，才得以控制整個市場的捕撈量。

有一次參加漁業署舉辦的台日專家座談，日本代表分享日本水產廳在制定漁業政策時，是以長期資源監測資料得到的模型為參考來訂定。令我印象深刻的是，當時與談的國內代表竟揶揄說：「日本人果然一板一眼，台灣的話，是先看政府政策是什麼，再委託做研究，研究是做來支持政策，不是拿來評估政策的。」這正是政府漁業政策常常在漁民團體壓力下，難以堅持永續方向的主要原因。

各地方漁會本應該扮演漁業管理單元，日本的漁業協同組合（類似台灣區漁會／漁業合作社）在漁獲申報上就扮演重要角色，在漁業管理的政策執行上，亦扮演重要的推手，日本政府在制定漁業政策時，例如，確定年度各地區不同魚種的捕撈配額、禁漁期、禁漁區；增殖放流品種和數量，都必須經過漁業協同組合的同意才能制定與執行，因此漁業政策是以長期資源監測資料得到的模型為參考來訂定。

日本雖被詬病在遠洋漁業捕撈過度，但對於沿近海漁業資源，卻是相當保護。更重要的是，透過地方漁業協同與中央研究單位的合作，日本政府有效掌握漁業捕撈漁獲量資訊，能夠適時調節各地的捕撈投入量，創造出最大的經濟價值。

卸魚聲明與刺網管制

我在漁業署的時候，負責兩項工作，「漁獲資料申報（卸魚聲明）」及「刺網逐步減量」。在我看來，第一項工作，其實就是產業升級的前置作業。老生常談一下，大家現在到超市會購買有「產銷履歷」、有「標章」的農產品，但是，你有看過「產銷履歷」、有「標章」的水產品嗎？

答案應該是！沒有！或是少量！

目前台灣只有養殖水產品有產銷履歷，野生捕撈的水產品是沒有的。所以在一般消費者眼中，如何辨別一條「好」的魚，是無感的。因為，從魚的外觀，無從分辨這條魚的「漁法（漁撈方法）」。

二〇一五年公告的「卸魚聲明書管理規定」，是要求主要港口的漁民捕完魚之後，要填寫一張「卸魚聲明書」，裡面的欄位有船組資料、作業時間、捕獲魚種、重量等資訊，這是一開始的設計。有沒有發現少了什麼？就是我看了這張表，還是不知道這條魚是刺網抓的？還是釣具抓的？

「卸魚聲明書」的設計，是為了掌握漁業資源管理的資料而訂定的表格，並沒有考量市場標示的目的。當時，我還有另一個任務，就是要推動沿近海的流刺網及拖網退場，因為這兩種網具被認為捕撈效率太高，希望能夠減少，而要減少流刺網或拖網，當時靠的是政策收購漁船及獎勵補貼。

但是，政府不可能長期補貼，如果要帶動消費市場改變，還是要回歸市場機制，也就是創造「拖網魚貨」「刺網魚貨」及「釣具類魚貨」的價差。這又要回到「卸魚聲明」的內容中，是否能加入捕撈方式的資訊。

所以，在二〇一七年，卸魚聲明書改版，加入「漁法」這個欄位。有了這個欄位，就有大大功能了，因為如果要讓慣用刺網與拖網漁民有轉型動機，就是要要創造出「釣具類魚貨」大於「刺網魚貨」大於「拖網魚貨」的價差，例如說：白帶魚是魚竿釣上來的，一斤可以賣六百元，而拖網上來的，只能賣一百五十元，創造高利潤，自然就會誘使漁民想要試試看竿釣魚。

再者，若要要做到市場資訊標示，官方卸魚聲明書的設計，必須要從紙本改成電子化，走向雲端資料庫的概念，讓有意願公開漁獲資料的漁民，漁獲資料能被有興趣的通路商接收，做成條碼或是其他的標示，在他的水產品上顯示「這條魚是釣具類捕獲，是友善漁法的產品」。

簡單來說，就是要創造市場蘿蔔的基本概念。

嗯，聽起來很棒對不對？但是要做，超難的。

因為光是執行，就會面臨政府的基本盤問題——跨部門合作。「卸魚聲明」及「刺網逐步減量」兩項政策，是屬於「漁業政策」部門，而市場蘿蔔的創造，是屬於「市場管理」部門，如果兩大政府部門不能有效地連結，這樣的政策工具就無法被應用在銷售市場上，也就無法創造漁民期待的獲利。

市場蘿蔔最終的驅動力還是來自於「市場」，漁獲產銷履歷的建構，還是要看市場能不能接受，消費者願不願意買單，然而，這部分政府是無法主導。不過，如果能有通路商看到這類商機，願意進場，那麼政府就應該採取開放態度，促成生產者及通路商的媒合。但是問題就在於政府願不願意採取開放態度協助推動？

我認為，透明的產銷資訊，可以讓消費者自己決定要買什麼生產方式、什麼漁法捕撈到的水產品，是台灣漁業能否升級的關鍵因素。近幾年，看到有漁會協同官方基金會推動鬼頭刀、鯖魚的水產友善標章，訴求點在於生產方式是否對環境造成過度消耗，這樣的推廣是一個好的起點，支持對於環境永續經營的捕撈方式，真的是從消費者立場上，最容易做到的一件事。

Chapter 3

山林神祕事件

日治時代的駐在所 三之一

在進行生態研究過程中，有很多可能的意外事件。

例如，實驗室的車子曾經整台滑落山谷；所幸，車子沒有墜落谷底，當時在車上的同學們驚恐地從車內爬出，從墜落山谷邊坡十幾公尺的地方，沿著山壁小心翼翼地爬回山路上。撿回一命的同學事後說：「什麼人生跑馬燈是假的，當時腦筋是一片空白，一瞬間發生的事，根本來不及跑馬燈就結束了。」而那台車就掛在山崖上好幾個月。當時研究室的老師還異想天開提議：看照片感覺兩個後輪胎還可以用，要不要吊掛下去把它拆回來？

我自己親身經歷最危險的經驗是發生在高雄六龜警備道的駐在所的遺址調查。六龜警備道是從六龜區的大津里，一直到桃源區的小關山，整條警備道坐落在現今高雄市境內。日治時期，警察為了採樟腦與控制原住民，在山裡面開闢了隘勇線，沿線設下了許多警備站，長達五十公里的六龜警備道，沿線有五十幾個駐在所及分遣所，為了把每個駐在所位置找出來，並且紀錄現況，我們要逐一逐站地進行調查。

那一年，大概是我一輩子中，進入六龜、寶來、藤枝等地的林道，最頻繁的一段時間；因為要調查，我們必須走一些少有登山客會探訪的路徑，因此有很多探索的行程，像是，行經溪水湍急卻沒有橋的路段，就必須自行搭設簡易吊索，把裝備吊掛過去。記憶中，那天光是為了拋繩到對岸，找固定點，就花了將近一個小時的時間，甚至有學長為了證明吊索可以吊掛，肉身從吊索攀爬過河，現在回想起來，真的是險象環生。

而我遭遇最危險的一次，是在進行藤枝林道上方的頭前山駐在所勘查。是我第二次進入頭前山駐在所，因為，頭前山駐在所規模比較大，要進行丈量前必須先進行環境清理工作，包含標示位置、將遮蔽的雜草修剪、拍照紀錄等等，所以我們一行人上山，從開始工作到結束時，已將近太陽下山。

頭前山駐在所有多處入口，因為工作太投入緣故，卻忘了，早上是從哪個入口進來的。那時候，我是領隊，想說反正都走過一次了，應該不會迷路，於是就跟大家說，「先在這邊等，我去探一下路。」就一個人去探路了，結果，我是找到下山的路，但在回去駐在所帶大家的途中，我卻迷路了……

有登山經驗的人知道，在中級山迷路，是最可怕的；尤其不是熱門登山路線的中級山，山徑路跡往往不是很清楚。眼看著天色逐漸暗下來，我的心裡越來越慌：第一個慌的是，山上的駐在所裡還有同伴在等待，找不到回駐在所的路該怎麼辦？只是，這個慌沒有持續太久，因為在來回尋找回駐在所路徑的過程裡，發現自己已經完全迷路了「我根本是自顧不暇了」！

第二個產生的想法是：如果山上同伴等不到我，他們會用無線電跟山下聯絡，自然會有人上去駐在所，再把帶他們下山；但當下比較尷尬的反而是我，因為我沒有攜帶無線電，而且已經不知道自己身處哪裡。我記得，當時看著山形稜線越來越模糊，聽到象徵黃昏來臨才會鳴叫的大彎嘴畫眉開始「哇～霍、哇～霍」的叫聲，心裡更慌了。心想：如果天真的黑了，要找路就更困難了。

我持續在樹林間穿梭，從看得到路，變成看不到路；從走在人行路跡移動，變成疑似走在獸徑上，聽到各種夜間發出不同的動物鳴聲，身體不自覺地有點不寒而慄，只是這時候的我已經沒有心思想「紅衣小女孩」的故事了，只希望趕快找到路，趕快下山。然後，當我看到山背後月光照來，這時候的月光，不是讓我想起「月光光、心慌慌」，反而給了我力量，心想「至少還有月亮陪伴我。」

我在高雄柴山曾有短暫的山路迷路經驗，不同的是，柴山是大眾行山路線，很容易能找到人行路徑；而這一次我被困在一條，除了專程探索古道的登山客，鮮少有一般大眾會來登山的山徑上。

看著月光，判斷方位後，我本能地朝下山的方向闢路下切，我也知道自己不是走在任何山路上，而是，直接用半走半滑的方式，再雜草叢中開出一條路，屁股跟開路的兩隻手，沾滿了土泥，腦子裡只有一個想法：「我要下山！」沒有其念頭了。

幸運地，約莫過了半小時的「開路」，真的讓下切到一條平常在進行鳥類調查時常走的路。剛好藤枝林道是另一個鳥類調查計畫案的樣區，而我每個月都要來走一趟，如果是去六龜、寶來的其他林道，我應該就沒這麼幸運了。

聽說那天實驗室的學長姐看到我下山的樣子，都被經嚇到了。因為我下山做的第一件事是衝到車上，拿水喝、拿行動乾糧往嘴裡塞。由於經歷了兩個多小時的迷路歷程，我體內激素大量分泌，可能讓身體的能量消耗殆盡，才會本能地猛吃猛喝。這是就是為什麼經常聽聞迷路的登山客，最後不幸罹難，原因就是下切後被困在溪谷中、身體能量耗盡，再加上夜間失溫，而撐不住……現在回想起來，當時我同樣選擇下切，其實不是很正確的做法。只能說，我運氣好，否則「林于凱」三個字，就會停留在二十三歲。

山中古物，切勿占為己有

山裡面的故事很多，如果聽了太多，可能就不敢上山。

有一個新聞可能大家還記得：有網紅號召網友到山林裡撿垃圾，結果，卻把新竹尖山的霞喀羅古道裡，日治時期的古物，給一併帶下山清理掉了，導致山友們一片譁然。

為什麼這些古物必須要被保留在歷史現場？從保護文化資產的立場來看，當古物離開了現場，它們曾經存在的情境就無法被還原，儘管有些古文物不算是被正式指定古物，覺得能夠任意拿取，卻往往輕忽了，在山林裡，人類社會的制度，比不上無形的力量，一切可不是人說了算。

有一次，我們到扇平林道到御油山一帶進行調查，發現了人跡罕至的駐在所中，還保有許多非常漂亮的釉上彩瓷碗，以及刻印著各式日文的小瓶子。有些瓶子寫著神

六龜警備道駐在所的古瓶子。
&
六龜警備道駐在所的百年古碗。

多美麗駐在所。

藥、有些是皮膚藥，還有更多的酒瓶；在以往踏查駐在所的經驗裡，不是每個駐在所都能看到古文物或寶物，所以，有學長在拍完照後，就想說帶一個回去做紀念，結果就發生了詭異的事情。

當大夥離開這個駐在所，在前往下一個駐在所的路途中，學長突然：「啊！」了一聲，轉頭一看，他的相機竟然掉在山徑上。學長若有所思地說：「奇怪，我剛剛把相機放在背包最底層，怎麼可能掉出來」，當他把相機從地上撿起再放近背包收好後，大夥繼續往前走。然後沒想到，又聽見他「啊！」了一聲，竟然又有另一個東西從背包中掉出來。

我們一行人這時候互看了一眼，好像明白了什麼……大夥摸著鼻子，沿著原路，回到上一個駐在所，把原本要帶走的神奇的小瓶子，物歸原處，這才安心地離開。

除了這個案例，在山林裡面，我還有一些比較奇特的經驗，所以，我是相信山林有另外的法則，古物，有一定的靈氣存在，還是不要亂動的好。

玉山裡的大分記憶

三之二

有不少的山林故事，都是林淵源大哥跟我說的。

因為曾經在玉山國家公園工作，很幸運地，認識台灣國寶級的台灣黑熊研究者——林淵源。

林大哥在二〇一六年過世，當時我難以置信。因為我心目中的林大哥，就像是一座山一般地存在。在山裡面，只要有他在，就沒什麼好擔心的。

台灣黑熊保育協會理事長同時也是屏東科技大學野生動物保育研究所教授，人稱「黑熊媽媽」的黃美秀老師，在研究初期，就是靠林淵源對台灣黑熊習性的了解，才能在對的地方設置捕熊陷阱，抓到台灣黑熊進行研究。否則，在偌大的山林中，要如何尋找台灣黑熊的足跡，更別說還要捕捉進行研究後野放，能夠捉到黑熊的機率，大概比大海撈針要容易一些而已。

林淵源是花蓮卓溪鄉布農族的耆老，過往因為獵熊的本領，是部落中備受尊敬的英雄。不過，當玉山國家公園成立，台灣黑熊成為保育類動物後，林大哥從拿槍的獵人，成為拿相機的巡山員。我跟他上山的時候，他曾經跟我分享這段過程，「我當獵人的時候，沒有國家公園，當國家公園成立，邀請我成為保育員，我想了一下，為了我的下一代，我決定要用過去的經驗，來幫助台灣黑熊的保育。」

我不太確定，林大哥口中的「為了下一代」，究竟是為了家裡的下一代？還是對於整個山林環境的下一代？或許兩者皆是。關於國家公園成立後（保護區成立），狩獵行為被部分限制所造成的部落文化轉變，在書中第四章節會談到，而林大哥確實因為「為了下一代」選擇的轉變，也讓他成為台灣黑熊保育史上，最重要的一位導師。

在玉山國家公園工作期間，有段時間，我奉派負責部落間的文化交流活動，所以常跑玉山國家公園的花蓮南安園區，曾經有兩次機會，可以跟著林大哥，進到八通關古道東段的「大分」。

大分在布農族與日本人戰鬥的歷史中，是相當具有份量的，如同賽德克族的霧社事件，布農族亦有「大分事件」，這些故事都紀錄在《布農族郡社群抗日事件》、《最後的拉比勇》書中，讀過一遍，再走八通關古道，感受是十分不同的。

大分山區，也是台灣黑熊出沒頻繁之處，當二十年前，黃美秀老師開始進行台灣黑熊研究之初，將樣點之一設在大分。由於林大哥對此區甚為熟悉，也了解黑熊習性，因此成為黃美秀研究黑熊時的重要導師。

大分位處深山之中。要從花蓮璞石閣（玉里）進入瓦拉米古道，再從瓦拉米進到抱崖，而從抱崖抵達大分，需要整整三天時間。當時的研究團隊，在穿越樣區過程中，要行走已經頹圮不堪的鐵線橋，回溯當時記錄下來的畫面，都覺得相當驚悚。

我第二次進到大分時，剛好也遇到拍攝《黑熊森林》紀錄片的導演李香秀帶著拍攝團隊入山。當時，我們還進到一些山友比較不會進入的區域，看著攝影團隊扛著笨重攝影機和腳架，走在僅有一個人身寬的狹窄山徑上，實在替他們捏把冷汗。後來，攝影團隊中有人也說，「這邊只會來一次，要我來第二次，沒有了啦！」足見在山林裡作業的艱辛與危險。

大分山屋的後方，有九層的山壁，林大哥說，「如果有能力走到第九層，到了上面的平台，就可以看見很多骷髏頭。」因為在日本人跟布農族戰鬥的大分事件中，傳說有不知去向的族人，連屍體都沒有找到，而這些骷髏頭，不曉得是否跟此有關？總之，我是沒有看過，因為要八字非常重的人，可能才敢爬到第九層。

不要不信邪，山裡的事，寧可信其有。

進入大分，第一件事，是要祭祖。祭祖儀式，一定要有肥豬肉、米酒；米酒要在祭拜完，撒在土地上，不能喝，因為聽說祭祖的米酒，只要一小杯就會醉。

而在山林活動，有沒有禁忌呢？有的，就是要帶一個紅色的東西或是紅布條，為什麼呢？因為林大哥曾經跟我說，他們遇到「魔神仔」，會把身上紅色的東西，往遠處丟，如果附近有小溪流，就讓紅布條順水流，這樣魔神仔就會去追紅布條，進而離開；這樣的說法到底是真是假？我寧可相信是真，因為布農族的一些朋友，都有講過類似的事情，而且，我過去切身經驗，讓我對於祖靈與山中禁忌，敬畏三分。

進入大分之前，我讀過很多日治時期，布農族勇士對抗日本人的故事，其中大分事件，應該是如霧社事件一般，是可歌可泣的歷史事件。當時，日本的理番政策（一八九五年至一九四五年，日本於台灣日治時期對於台灣原住民所研擬與實施的特別法規與政策總稱）要求原住民交出獵槍，引起布農族的反彈，一九一五年由布農族

林淵源是花蓮卓溪鄉布農族耆老，是部落中備受尊敬的英雄，「為了下一代」從獵熊轉變為保育。讓他成為台灣黑熊保育史上，最重要的一位導師。（圖右是林淵源；圖左是人稱黑熊媽媽的屏科大教授黃美秀。）

跟著林淵源（圖中）上山會覺得很安心。

紀念大分地區
死亡日警紀念
碑。

喀西帕南紀念
碑。

從花蓮玉里走瓦拉米古道，再進到抱崖，再從抱崖抵達大分，需要整整三天時間。

大分山屋的後方，有九層的山壁。

大分位處深山之中，交通不便，通往大分的吊橋相當狹小。

山豬。

水鹿足跡。

山羊咬檳榔。

領袖拉荷．阿雷及阿里曼兄弟帶領，進攻大分附近的日警駐在所：喀西帕南及大分，殺了日警二十多人，後來日本還在此立了「喀西帕南殉職者之碑」（瓦拉米步道八．七公里左右），紀念殉職的日警，大分駐在所也有日本立的建念碑，不過可嘆的是，當初被日本設局誘殺的布農族人，至今不知被埋葬於何處？

大分事件發生後，布農族與日警展開長期抗戰，日本人則開闢八通關越道，沿線部署駐在所，以及在越道上架設通電電網，要阻止布農番社之間的橫向連結（不過聽耆老說，被電死的多半是日警）；八通關越道在一九二一年完成後，日本人準備著手對付布農族反抗勢力，一九二一年六月十八日，日警以宴請布農族領袖為名，表面上要商討議和，實則已安排好要擊殺與會的 Tosiyo 社頭目等一干人。當地耆老回憶指出，當天凌晨有聽見槍響，與會的二十幾名布農族人傳說慘遭活埋，但確實地點，已不可考。

因此，現在進入大分的第一個動作，就是祭拜祖靈。如前所述，心誠則靈，一杯就醉，冥冥中自有安排。入山要問山神，但要進入大分研究站，還是得跟人申請，必須玉山國家公園管理處專案同意才可進入。

回想在大分的日子，就是「愜意」兩字。因為我不是研究人員，只是偕同人員，所以不需要去做架設陷阱、巡邏陷阱、紀錄環境因子等等苦工。我要做的就是在山裡閒晃，看能不能有狗屎運巧遇黑熊。「新手總是會有意想不到的收穫」是在生態研究圈流傳的自然法則，而在去大分兩趟的行程中，跟著一群研究黑熊的老手，卻沒有這樣的新手運，所以，人生截至目前為止，沒有野外目擊黑熊的紀錄。

雖然沒有看到黑熊，但山豬、山羊、山羌、水鹿、黃喉貂……在大分的水源地及開闊溪谷間，可是平凡無奇的存在。我看過在磨角的水鹿、也看過咀嚼不知名物體的山羊（林大哥居然說山羊在吃檳榔）、看過屁股被咬開的山羌（整隻外觀好好，但內臟都被黃喉貂偷走了）、看過清晨成群出來覓食的黃喉貂，也看過帶著一群西瓜皮小山豬趕路的大山豬。其中印象最深刻的是，有一次，一個人在林道上閒晃，走著走著就離開人行路徑，不知不覺走進了難走的山羊路，就在我進退維艱時，突然對面出現了一隻山羊，他看到我，整隻羊愣住了，雙方互看僵持了約五秒，正當我小心翼翼地想把相機拿出來時，他拔腿就跑。我想，他應該是要回家，而他那種「在回家路上莫名遇到怪叔叔」的驚恐神情讓我難忘！

大分生活就是日出而作、日落而息，因為晚上真的也沒什麼事情做，有的時候就坐在林淵源旁邊，跟他一起添柴火、煮整鍋的滷肉。在山上，有一鍋滷肉可以吃，真的是人間美味。在柴火的溫度下，林大哥用他不是很好的華語，跟我說了一些他的故事；他從拿槍的獵人，搖身一變成為國家公園的保育巡守員，對他來說，考量的不只是外界報導的保育研究光環，而是對於下一代生活的選擇。

很多布農耆老的生態智慧，只能意會無法言傳，在傳統的獵人養成中，對於自然資源的永續利用，原本就是原生基因，只是因為漢人政治系統的介入，把生態保育變成高尚的名詞，但對部落來說，這是他們世世代代在獵場活動的原則。

從大分出發，可以去不少戰地遺址，包含華巴諾砲台、太魯那斯（Talunas）駐在所、賽珂（Saiko）駐在所等，這些在深山裡的地點，有些要抵達並不是哪麼容易，必須先經過只容單人側身通過的崩壁。當我第二趟行程是跟著《黑熊森林》的製作團隊一起行動時，他們的攝影大哥說：「這輩子不會再來第二遍了，根本是搏命演出」。

當抵達這些位處深山的駐在所，卻發現有個奇特現象：沿著駐在所沿線的山壁周圍，居然都長滿了巨大的仙人掌。仙人掌肯定不是台灣山區的原生植物，到底是怎麼來的呢？有一說是，因仙人掌有刺，早期可以作為拒馬使用，日警將仙人掌帶來種植在此，是作為防禦工事。

布農族射耳祭

跟著林大哥上山，有一種很放心的感覺，他不像我們要翻地圖、靠指北針判斷方位。他的腦裡根本是內建３Ｄ地圖，所有的山脈、稜線都在他腦中的資料庫，只要跟著他走，就很安心。他的話不多，但是完全可以感受到他對團員的細心觀察，一但有人有異樣，他會立刻察覺，並且適度放慢腳步，或是遇到連續陡坡（有時真的走到無法講話），他會用布農語的短呼來激勵大家，到了營地，大家還在喘，他總是第一個去準備炊煮的。在山林的國度中，林大哥是世界上最值得信賴的人。

有一次，林大哥邀請我去花蓮卓溪的布農族射耳祭。射耳祭不是表演給外人看的，必須要受邀才能參加。我對於傳統祭典十分有興趣，於是欣然答應跟隨前往。射耳祭從對獵槍的祭儀開始，勇士們布陣獵獲山豬，回到部落前，先把山豬交給部落中的女力。讓我親眼見到部落女力士獨自扛起八十公斤重的山豬，雖然其他女性族人紛紛表示要幫忙推，但女力士說：「不要推，慢慢走可以」。那一幕，說實在，我差點笑出來，因為後方的族人拚命要推屁股，但女力士則是不斷扭屁股抵抗，實在令人不禁莞爾。

射耳祭的重頭戲之一是射鹿的耳朵，部落青年也必須參與射耳，一來是競逐部落裡誰是神射手，二來也是布農族成年之前必須經過的試煉；射耳祭中有報戰功儀式，也是展現自己家族的勇猛事跡，接著就進到祖靈地祭拜。進祖靈地祭拜有一些限制，例如，黑熊的祖靈位，只有獵過黑熊的勇士才能進入祭拜，其他人不行。

當時，林大哥可能覺得我不是布農族人，不受傳統禁忌的約束，於是就帶著我進去祖靈地。當時，我很興奮又覺得有點自豪，因為別人不能進去的地方，我居然可以。可是沒有料想到，我離開花蓮的幾天後，身上開始長起帶狀皰疹（俗稱：飛蛇），這種皰疹通常是因為抵抗力下降才會出現，而我當時還憑著年輕氣盛，居然在長皰疹情況下，還跑去爬了谷關七雄的屋我尾山，結果沒想到身上的皰疹，因為過度摩擦，下山後，病灶變得更嚴重。

後來才知道，傳說中帶狀皰疹在腰連成一圈，很有可能會致命的。我下山後，不但趕緊跑去看西醫不說，還趕忙打聽收驚的師傅，跑去做了法事，身上的皰疹才逐漸處理掉。後來，我把這件事跟林大哥說，林大哥聽完，默然不語。

部落中的人情展現是很直接的，沒有太多拐彎抹角。特別是部落有些族人愛喝酒，一喝下去，什麼王五、趙六之間的糾紛，對誰很不爽的事情，通通都會講出來。

我曾經在部落中參加聚會喝酒，其中有位未滿十八歲的男同志青年，竟然跑來跟我傾訴，因為擔心部落長輩眼光及宗教因素的關係，讓他對於自己的性傾向難以啟齒，感到很痛苦。礙於當時我對於同志了解不深，只能夠安慰他說：「不管怎麼樣，一定能有接受你的人」。這一晚，也讓我對於青年同志的困境，產生了比較強烈的感同身受。

部落族人愛喝酒，有時候是一種刻板印象。因為愛喝酒本身，反映的是「借酒澆愁」。現代社會中，部落青年不再是單純地從事農耕或狩獵維生，而是必須前往都市一搏，對於在都市中討生活的部落青年來說，他們就像早期從鄉村或其他城市青年，不得不離鄉背井到台北闖蕩，難免會有因為求職或生活壓力不順遂而產生的惆悵。然而在部落青年身上可能是更深的衝擊與挫折，因此長期下來，轉換成用酒精來紓壓，不知不覺變成習慣。

在部落走訪的日子，是我這輩子喝了最多的紅標米酒的時候。其實，紅標米酒不好喝，但因為便宜，所以部落族人常喝。有一次，在花蓮卓溪部落參加跨年活動，天氣很冷，看到活動攤位有熱騰騰的麻油雞湯非常開心，結果喝下去，那個麻油雞湯根本是未煮沸的紅標米酒，再加上一點雞肉，實在不是我這種「都市俗」有辦法接受的，但又不好意思不喝，只好先假裝喝幾口，然後趁機溜掉。

深夜的山林傳說 三之三

做生態研究，一定要具備「夜間作業能力」，如果不敢在夜間在沒人有的地方活動，那就要考慮一下是否適合呢！

在研究所期間，為了研究黃鸝鳴聲，時常東奔西跑兩個樣區。東邊的樣區在花蓮，西邊的樣區在屏東。對！為了黃鸝，我被訓練成開車只需要五小時，就能夠在高雄到花蓮往返的男人，不過，這都不是最要緊的事，最要緊的是凌晨五點起床這件事。

因為要研究黃鸝在台灣東西兩邊的鳴聲差異（跟環境或基因的關係），必須在清晨五點半時，要錄到黃鸝的「破曉鳴唱」，所謂鳥類的破曉鳴唱，一般人最熟知的就是「雞鳴報時」；而鳥類的破曉鳴唱，是有先後次序的，長期在山裡面做研究，就知道，聽到竹雞叫，要趕快起床。我則是聽到黃鸝叫，會被嚇醒（有幾次因為睡過頭，來不及起床設定錄音裝置而被嚇醒）。

要這麼早起床，前天晚上一定要睡在樣區。那時候在穎達農場附近做研究，為了省錢，就直接在農場外荒野搭起個人帳篷。前一晚夜間抵達，先搭好帳篷，把頭燈掛在帳棚內當夜燈，帶著筆電在帳棚內打遊戲或是分析資料，有時體力許可，會到附近區域做一下夜間生態觀察，聽聽布氏樹蛙「嗒、嗒、嗒」的叫聲，聽聲辨位尋找蛙的蹤跡，就是野外夜間生活的趣味。

有一天，我如常在晚上八點多到穎達，帳篷搭好，拿著頭燈，在營地附近繞了一圈，確認周遭沒有奇特生物，就準備進帳篷睡覺。當時我心裡想著，一個人，身處夜間的寧靜，聆聽周圍蛙鳴的演奏，真是太愜意了，研究人生雖然不免辛苦，但能夠獨享大自然的聲音，整個人身心逐漸就沉澱下來。

夜間獨自在外，通常嚇人的不真的是人，而是自己內心的恐懼。沒多久，我就發現帳篷外有一團光在接近中。我心想：「不會吧！鬼火的傳說，應該都是傳說，是墳墓磷粉在高溫下的自燃，在科學上都能合理解釋的。但，這附近應該沒有墳墓吧？」

眼見一團光離帳篷越來越近，我開始在內心禱告：「阿彌陀佛！阿彌陀佛！我沒有做壞事，不要來找我……」結果，這團光居然開始在帳篷上面繞圈，「天啊！沒事！沒事！趕快睡覺，睡著就好了。」

然後，我腦海中想著造成光團的一切可能：這附近有夜間發光生物嗎？會不會是螢火蟲？雖然在之前夜間調查中，沒有發現附近有螢火蟲，但搞不好是因為季節不對啊！是螢火蟲嗎？

但是，我突然心頭一定，想說，這輩子還要在野外圈混不知道多久，沒有確認一下是否為活體生物，就自己嚇自己，枉為生態人，以後說出去豈不變成笑柄。

因此，把心一橫，決定起身，把帳篷打開，探出頭去查看，果然是大隻的窗螢，在帳篷上頭盤旋。可能是因為野外的黑夜裡，只有帳篷頭燈發出微光，讓螢火蟲誤以為是同類的發光訊號，因而前來；不過，這畢竟都是當時的推測，或是加一點浪漫想像，會不會是螢火蟲來陪伴夜間寂寞的我呢？

這種夜間的驚魂記，是野外生活中滋養「心臟變大顆」的養分。

好奇心驅使的夜間觀察

做野外研究的「夜生活」，非常忙碌，通常不是在翻石頭找蛇類，就是翻樹葉找樹蛙，要不然就是夜間穿青蛙裝，巡視濕地架設的鳥類研究陷阱是否有鳥類上網，要趕緊將鳥類解下，進行秤重、羽翼測量及組織採集……等工作，弄到半夜兩三點，都是常有的事。

但畢竟這樣的「夜間行為」，對一般人來說，真的難以理解，即便是做海洋研究的研究生，也不見得了解陸域的研究人員在做什麼。有一次，我隨同海洋研究室的學弟，去東部做飛魚調查，飛魚調查有日間捕撈、夜間燈火誘魚的不同捕捉方式，不過夜間作業這種方式，要考慮到「人的狀況」。

如果會暈船的人，在夜間出海特別容易「抓兔子」。像我是很容易暈船的體質，因為受過鯨豚解說員及漁船採樣的研究作業，才逐漸克服。

不過，海上執行工作時還是會讓我時常出現不舒服的症狀。這種時刻，我會開始凝望遠方的海平面，並不是在放空或裝文青，而是要把視線放遠一點，才不會被不斷湧起的海浪影響視覺平衡，導致暈眩。但如果是在夜間作業，根本看不到海平面，這時候波浪引起的起伏，就會被放大，然後，就暈船了。

所以，除非少數情況，海上研究工作，通常不會挑在夜間作業。

有一次去綠島，日間作業完成後，就下工了。但我體內做夜間調查的靈魂被誘發，想說好不容易到綠島，不曉得夜間有什麼生物會出現。因為這樣的好奇心驅使，我曾經一個人去過山古道做夜間觀察。

那次準備出門時，學弟們都在睡覺，因此沒有跟他們說，而他們也不曉得我有夜間調查的背景，結果在一個多小時的夜間觀察後，我回到寢室，門一開，學弟睜大眼睛看著我：「于凱，你去哪了？」我習慣成自然的說：「我去走過山古道啦！」結果學弟說：「什麼？晚上一個人去走古道？你應該沒有中邪吧！？」

不過夜路走多了，有時也會遇到……同行，或是出來打獵的獵人。當聽到夜訪區域有槍聲作響，就會提高警覺非常留意環境。曾經看過新聞報導：獵人把人的眼睛反射，當作是獵物，直接把人擊斃的案例。幸好，這種誤傷的案例很少。

在平地遇到「鬼嚇人」還好，如果在山裡面遇到「魔神仔」該怎麼辦？布農族的耆老林淵源大哥曾經跟我說過：在山裡遇到魔神仔，趕緊把身上紅色的東西，丟遠一點；如果附近有小溪，就把紅色的物品丟進溪水，讓它順流而下，這樣魔神仔就會去追；當然，部落裡的專業獵人，有自製的魔神仔子彈——月桃的果實。

如果是「人嚇人」，其實更很可怕。有一次，我在花蓮的瓦拉米步道做夜間調查，走到自己嚇得半死。回想起那天，是去八通關古道大分駐在所的第二天路程，一行人在抱崖山屋過夜。我曾經聽聞同事說過，在抱崖山屋睡起來的第二天，看到山屋外有黑熊翻攪前一天吃剩的食物殘渣（這也提醒我們在山林裡吃完東西，記得收拾乾淨）。

因為有同事的經驗，我認知抱崖山屋附近有黑熊出沒，因此，那天晚上隻身出去夜調時，就抱著比較大的防衛心，心裡暗自估計：只要聽到任何可疑的聲音，就馬上回頭。但是警戒心隨著夜間觀察的探索樂趣中，逐漸淡去，我越走離山屋越遠，就在我驚覺自己已經遠離山屋時，說時遲那時快，聽到前方樹上突然有一陣窸窣聲，然後，像是有人打翻一桶水般的嘩啦嘩拉水聲直接從樹上灑落下來。

當下我嚇了一大跳！因為了解黑熊習性的人就知道：黑熊夜間會在樹上休息。當我聽到水灑下來的聲音，第一個念頭是：今天又沒下雨，怎麼會有那麼大一坨水從樹下降落？製造聲響的可能性有兩種：猴子或熊。第二個念頭是：這邊沒有猴子。

「那！趕快跑！」我趕緊把頭燈關掉，摸黑沿著林道亦步亦趨，深怕發出太大的聲音引起注意，直到自認拉開一段距離後，倉皇地逃回山屋。

不插電的人生，更飽滿

三之四

有一陣子，我因為得罪方丈，被流放邊疆。不過，那段日子，我過得很開心。

被流放的邊疆是傳說中八八風災重災區之一——高雄市桃源區梅山村。也是過去南橫公路中，最熱鬧的景點。梅山村盛產梅子、桃子，在海拔一千公尺的高度上，午後水氣上升，煙霧繚繞在山腰間，垂掛樹梢間的水蜜桃在霧氣中更顯嬌嫩，彷如世外桃源。

風雲變色的二〇〇九年，八八風災肆虐之後，路毀橋塌，南橫公路中斷，遊客不再來。原本的鳥語花香的熱門景點，成了鳥不生蛋的偏鄉，當長官指派我前來時，曾一度在心中抗拒，擔心上山容易下山難，尤其是在大雨過後。

果不其然，二〇一三年強烈的蘇力颱風過後，原本的溪底河床便道被荖濃溪的支流 Lukus 溪淹沒，原本的道路不見蹤影，被洪水一截，斷成三節。好死不死，變電箱也在風災中損壞，當時台電工程師說，「路斷了，我也沒辦法上去修啊！」於是，駐守當地的我，體驗真正「日出而作、日落而息」的生活於焉展開，體驗完全不同的生活模式。

身邊的朋友只要聽到我上山工作，都說「啊！你去度假的啦！」是沒錯！在現代人的生活，只要有網路會通的地方，即使在山上，都沒有想像中的超脫。

當時我的生活和一般上班族一樣，上班的時候，好好上班，下班吃完飯，回到宿舍打開電腦，便開始確認私人信箱有沒有新郵件，接著打開臉書看看有沒有新訊息，查看完了所有新訊息，整個人便開始陷入略為失落的情緒，望著電腦發呆，像是被制約了一般，心中有股「唯恐被天下人忘記」的憂慮，如影隨形。所以，在山上生活其實沒有太大的不同。除了，我需要自己煮飯這件事之外。（這裡沒有小七，更沒有賣便當啊！有的就是主任種的菜可以偷拔）

因為工作地點特殊，我並沒有室友，其他同事都是當地的布農族人，下了班就回家。颱風來的前一晚，我去了部落，喝了點米酒加啤酒，不過，我實在害怕持續飲酒，因此颱風過了之後，就一個人藏在宿舍。回到房間，陷入一種隔離狀態，彷若跟山下的外界失去聯絡了一天，期待著會有幾百封的新訊息在等我一般，心底像萬蟲鑽洞般地癢颼颼。落寞的是，眼前一片漆黑。因為電力中斷，所以電腦沒電，冰箱沒電，我只能戴著頭燈看書來排解黑暗中的孤寂感。那一晚，大雨下得滂沱，天上連星星都沒，更不可能有月亮陪我說話。

停電那段時間，白天天空放晴的片刻亟需把握。尤其是，下班後，天黑前的那兩小時。原本會安排下班後去山裡慢跑的閒情逸致，被手忙腳亂迎接暗黑夜晚的準備取代。因為，首先必須在夜色變暗前，完成煮飯、吃飯的動作，避免天黑後，視線昏暗，不小心將晚餐混著蟑螂腿一起吃下去（在山上，必須學習跟蟑螂和平共存）。緊接著洗澡，再來，確認好頭燈，將一切常用的物品擺在習慣的位置，迎接進入無電的夜間模式。

因為工程師說：「路通了才能上來修」。根據先前的經驗，如果雨持續地下，路況危險，至少要等上一個星期，才可能重新享用台電的供電。在電力恢復供應之前，需要用電時，必須靠有限的柴油與發電機。因此使用柴油發電機時，能省則省。而我得留意發電機開啟的時間，因為要在發電時間內，把所有的電器用品拿出來充電，包括最重要的筆電。雖然停電時不能上網，但一片漆黑的孑然寂靜中，能有個螢幕會發亮，影片會說話，都是一種溫暖。

沒有電的生活有幸福感？

無電的日子就這樣，我的生活開始有了改變。

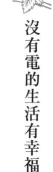

「民生必需的行為優先考慮」。每次上山，我總得準備超過一週的食物，包括冷凍肉類。只不過冰箱沒電，成了件非常困擾的事。為了降低食物腐壞的可能性，在烹煮時，開始留意操作的順序，什麼食材容易壞就先煮；另外，在烹飪前，將食材先在腦中想過一遍，快速地把當晚要吃的食材一次取出來，減少冰箱開開關關次數，避免影響冰箱溫度。煮菜的時候，把握時間與瓦斯火力，把能下鍋食材都一次下，甚至一個鍋子分成兩半，同時可以炒兩道菜；這種思慮周全的料理方式，對隨興的我，在平時是難以想見的。

白天的時候，因為沒電可用，看書成了唯一打發時間的活動。以前，網路不盛行的時候，我喜歡在廁所、火車上及睡前看書。但自從進入網路時代，各種網路娛樂盛行後，真的很難專心地好好讀完一本書。就算想看書，還會邊想是不是有其他的事情沒辦完，「啊！台鐵今天要訂票」「啊！阿撇的訊息還沒回」「啊！有個新聞沒有follow到」，各種分心雜念，讓我常常處於躁動的狀態，甚至會懷疑，那些雜念只是讓自己擺脫書本的藉口。

但是，因為停電，對外聯繫的網路無法使用，被迫完全與世隔絕，我可以安心地說服自己，讓一切隨風去吧！這種狀態下，書變得很溫柔，很撫慰人心。

坦白說，那段時間不是完全斷絕與外界的聯繫，需要聯繫時，必須安排好在短暫的供電時間內，利用邊坡岩層監測系統的電腦連線（因為他是監測系統，所以網路沒有斷），查看是否有立即需要回覆的信件。但其實，九五％的信件都沒那麼緊急，更別說那些臉書的訊息，想要查看訊息、回覆訊息的「內心迫切」只是一種幻覺。

然而，人慣性的行為模式，並沒有那麼牢不可破。

停電後，第一天的焦慮與孤寂，在第二天就有了轉換。煮菜時，不再那麼慌亂。沒想到，煮完後天色仍亮，索性就坐在廚房前的矮石欄杆上，看著即將隨著日落沉入山稜線的晚霞，突然覺得，晚霞比電視上的棒球好看很多。跟著落日西沈的緩慢咀嚼，讓飯的甜味都增加了。

夜幕低垂、漆黑襲來的瞬間，也變得沒有那麼難以適應。反而，自然的日夜交替規律，讓已經準備好的我能夠靜下心來，聚精彙神地的回憶過去的零星片段，寫下早已想動筆的點滴記錄。沒有斷電前的同樣時段，我應該是開著電視癱在沙發上的懶惰身軀，讓視頻時脈麻痺天生的敏感細胞，即使想寫什麼的念頭閃過，也就是閃過而已，不會留下什麼，頂多在夢裡抽搐幾下。

推動「週三無電夜」

沒有電的時候，我躺在床上想著：山上生活，到底與都市生活有何差別？如果，都市裡一樣三天沒有電，大家會變得跟我一樣，充滿了幸福感嗎？還是，只會出現無盡的咒罵，看著台電總經理被迫上記者會道歉的難堪。

想著想著，不禁出現了怪念頭：如果以後有機會，我要推動「週三無電夜」，讓大家都離開電腦，走出房間，想想那些不曾被留意的慣性之惡與簡單之美。有源源不絕電力供應的人生，並沒有讓我們更快樂，不是嗎？

物質上的停電，反而讓心靈充電了。在汲汲營營的城市生活中，我們多久沒把自己倒空，去感受原始自然的律動呢？運動，上健身中心；消夜，上小七；海鮮，網路宅配。連爬山，都隨時留意手機訊號幾格。被網路科技制約的生活，如果拍成「網路人生」，可能連苦悶的阿兵哥都感到乏味。甚至可怕的是，不知不覺中，這種固定模式已經僵化到已經難以從生活中抽離了。

二〇二一年五月中，擔任供應南台灣電力主力的興達電廠機組出狀況，一周內連續發聲兩次全台大停電，不過，剛好在疫情期間，電力缺乏沒如想像中嚴重。但如果再回想二〇一七年時「八一五全台大停電」，當時大潭電廠因人為疏失導致的大跳電，就把時任的經濟部長給跳下台了。差別在哪裡？就是當疫情發生，人們有更關注的事情，跳電就變得其次了。

人類科技文明的推進，是在一種「相對比較」的概念下，科技產品推陳出新，軟體搭配硬體升級，搞得好像沒有人手一機就跟不上時代。但真的有這麼嚴重嗎？

如果有個政策推出，讓大家在周三晚上斷網、走出戶門外、跟鄰居打招呼，就像是跳電的時候，辦公室同事沒電腦可用，只好放下手邊工作互相哈拉，那種感覺不是很棒嗎？

山裡的奈何橋……

三之五

每次上山前，我都要準備好一周的食材，曾經，我以為轎車上山沒有問題，但山神告訴我「你最好尊敬我」。

上山報到的第一天，經過溪底河床便道，沒有好好的減速，下場就是：車是開上去了，但是右後輪也破了；第二次的上山，我依然不死心，開著低底盤的寶獅206，心想，這台陪我走過無數山路，第一次破輪應該是意外，這次小心一點開就好了。結果沒想到，車底盤的排氣管卡到大石頭，一個緊張，倒車的瞬間，前面引擎下方也卡住了。

這個時候，該怎麼辦？上班打卡肯定來不及，跟同事說車卡住，也怕被笑，只好左顧右盼，看附近有沒有車剛好要經過，等了約二十分鐘，總算出現一台工程卡車，我趕緊招手攔車，請司機把車硬拉出來。要拉的那一瞬間，聽到底盤「咯咯」的刮聲，我的心都碎了……沒想到心碎不只如此，隔天上班聽到部落同事說：「我開大車的朋友說，昨天有個白浪（部落稱呼漢人）開小車上來，結果在路上卡住捏，哈！哈！哈！」

此後，我再也沒有開車上山過，都是騎管理站的公務機車KTR上下班。騎KTR全程要走省道。那段期間，我從高雄市區家裡出發，騎到山上的梅山管理站，猜猜看，要花多久時間？如果在溪底便道還能通過時，大概三個半小時，如果遇到雨季，要繞道山羊路時，要花四個鐘頭。

騎KTR不是問題，問題是，要怎麼讓載上山的蛋不會路程中破掉，成了一門大學問。雨季來了，必須騎行山羊路。第一次騎山羊路，在踏上顛頗的「抖、抖、抖」的路段前，買了一盒雞蛋，心想讓它們安靜地躺在減震泡棉上，再覆蓋了青江菜與青蔥，期望雞蛋們能夠在這段不平靜的路程中得到安息，並且全身而退，讓我能夠在山上的一星期裡有蛋可吃。

從家裡出發前，媽媽擔心我是否能順利上山；這分擔心我是懂的，就像從溪底便道上切前，我擔心的是我的蛋能否完璧歸冰箱，或許前者的念力來得更大，但是從生命的角度來看，並無二致。

在路程中間，從開始的崩壁一路騎上去之後，我不太確定是否騎在正確道路上，因為剛前一刻才經歷了一段騎農路，不小心就騎到人家敏豆田裡……好不容易回頭找到舊的來時路，循著辦公室大哥提醒的「左邊左轉，再右邊，就會看到一座橋」的描述，總算看到遠方出現一座橋。再加上當時天色逐漸變暗，當我總算騎到接近橋，準備鬆一口氣的時候，前面的邊坡牆面卻出現「奈何橋」三個字。當下，我笑不出來。再加上先情經過碎石堆時，經歷了一段機車莫名熄火，車身「倒推嚕」的表演。還好，在後方的布農族朋友有著部落基因遺傳的特質：「在你很正經的時候，他很搞笑，在你搞笑的時候，他很正經」並沒有直接雙手合十，而是上前推了我一把。

在險象環生的路段當下，我曾經片段忘了蛋的事情。但當機車重新上路後，我猛然想起：剛才的折騰，雞蛋們不知道還安好嗎？

經過一段山路腰繞，遇到一台小貨車後頭裝載的滿滿痲布袋中，都是裝滿的紅肉李。我敬佩這樣搏命演出的紅肉李，因此紅肉李對我來說，就是水果中的阿信。如果能夠通過這段天堂路的考驗，能不墜落不擺爛的，絕對是極品！

當騎行經歷了一個多小時山羊路考驗，終於看見復興村了，緊接著就是柏油路。這也代表了一切土地對蛋的試煉，就在此結束。因此一進到管理站宿舍，我迫不及待打開紙箱，「哇！蛋是好的耶！」二話不說，馬上傳了簡訊給我媽，除了報平安，也跟她說，「以後免驚，蛋都撐過來了，你兒子也ＯＫ的。」

於是我把青江菜、紅蘿蔔、馬鈴薯等耐操的蔬果塞進冰箱後，準備放蛋了，不過，當從桌上把蛋拿起時才發現，咦？怎麼摸起來有點濕濕的？仔細一看，每顆看起來完好如初的蛋，其實都裂了！故事到這裡，已經是一個破碎的結局……

更悲慘的是，當時這些因為山路顛簸而破碎的雞蛋，居然讓我在第一時間聯想到：政府的一些施政。不過因為本書盡量非關政治，就暫時先不談了。

法國遊客的南橫冒險

在山裡的日子，因為有種抽離感，反而對世事變化更敏感。我在山上工作任務是「監測邊坡滑動系統」，由於管理站位於小山坡下方，周邊的部落民宅也是，所以必須要監測邊坡滑動情況以及豪雨量，萬一短時間內出現大滑動，就要趕緊通報，請居民撤離。畢竟梅山在當年九二一大地震時，地質也受到不小衝擊。

沒想到，我在山上的半年期間，竟發生日本宮城海嘯。一時之間，電視上的媒體名嘴們，各個都成了地震海嘯的專家，電視節目討論個沒完。聽著各家言論，想想自己就在震後災區部落裡，部落的居民對於大自然的無情反噬，是敬畏大於評論，無法離開部落的大家，只想著如何好好生活，誰會去預言那些假設性的情境呢？由於媒體輿論聽得讓我煩躁，於是記錄了當時的心情：

衝擊，反差，帶來崩毀，造成改變，
一股席捲而來的潮流，一場天崩地裂的過往，
在我腦中交會，一張張影像交疊，伴隨著抽象輪廓。
傾斜的，不只是鐵塔與教堂；
散溢的，多過於輻射與枯枝；
漂浮在水中的，不見得不安；
緊抓著不放的，不見得心安；
九二一災區部落裡，傳來宮城海嘯的消息，
原始石板家屋內，歌頌堅持傳統的聲音，
逆光廳堂上，高聲談論的宣言雄心勃勃，

躊躇步伐中，莫衷一是的論述搖搖欲墜。

不同環境，基本需求會改變？

不同處境，優先次序會重組？

還是，狂妄的洪流主導一切？我們只是載浮載沉中，隨著漂浮，或者緊抓不放。

再加上，梅山剛經歷風災，道路時好時壞，遊客稀少，一但能夠遇到遊客，都會讓我很開心。就在我上山的第三天，才遇到第一位遊客——法國經濟學博士歐拉督萬。面對罕見的外國遊客，深山中的管理處同事們，布農族語說得比英語好，一至推派由我負責與他溝通。

一大早，他就出現在梅山遊客中心，詢問梅山口之後的路段暢通情況，我跟他說明，當時梅山口之後的路段施行人車都需管制，建議他要不要考慮搭車回頭改走南迴。他聽聞後，笑笑地說「沒關係，那先去闖闖看看」。

和歐拉督萬閒聊才知道，我跟他同齡，二〇一〇年，我考上公職的同時，他選擇用雙腳加搭便車的方式，從法國出發，經過哥倫比亞、摩納哥、澳洲、紐西蘭、印尼、菲律賓等國家旅行，而當時正好踏上台灣。

由此可見外國人的探險精神，不是保守的台灣人比得上的。當他問我「南橫是否暢通時？」我就有不安的預感。果不其然，半小時後，駐山警察隊來電說，有一個外國人怒氣沖沖地坐在地上，請我去和他溝通。當我過去時，他看到我的態度稍微緩和，但還是忍不住飆罵「What the fucking rule……」而我只好用破英文趕緊解釋：「Taiwaness always follow the rule……the guard has responsibility and can't make that risk……」儘管我心裡雖然很想幫他，但礙於身上的制服，也愛莫能助。溝通一陣子後，他總算稍微釋懷，態度也和緩下來。

我才知道，他來台灣，原本計畫的事情就是跨越中央山脈，原本計畫走八通關古道，但因為來不及申請入山許可，便轉念，改搭便車上到梅山口，希望能夠從南橫穿越過去。但是，他手中的地圖，並沒有寫著「南橫管制通行」。由此可見，台灣官方的資訊系統對外國人而言，並不友善，也不便於遊客使用。

陸續攀談過程中，我發現自己愈來愈無法解釋向一個外國遊客解釋：「為何一條斷了三年的公路，在地圖上並未敘明？」只能夠暗自深深佩服，在很多區域地名及觀光介紹都只有中文的情況下，還能夠不畏艱難地踏上台灣的外國自助旅行者。

總之，歐拉督萬就是被困住在遊客中心，進退維谷。請示上級的結果，我並沒有得到賦權，能夠用公務車載他下山。再加上，我個人的小跑車在上山的河階石頭路的初體驗中，右後輪已經報廢，無法擔此重任。但是若將他繼續留在遊客中心，對想要下班的同仁也是一種困擾，於是，我只好把他帶到鄰近的露營區暫時安置，希望他因此有所覺悟，知難而退。沒想到，到了露營區，他說「這個露營區很棒，我先睡一晚。」

再加上看他身上的食物只有小七御飯糰、麵包及路上化緣到的蓮霧時，我更是同情心爆發地跟他說，「好吧！到我宿舍吃點熱的食物吧！」，於是幫他煮了簡單的麵食，還差點忘了他是伊斯蘭教徒，差點放了肉絲下去，幸好他闖蕩江湖多年，觀察力夠機靈，一眼看穿了台灣男人的不夠體貼，特意問說，「那是牛肉嗎？」而還好當時我也沒有蠢到回答「你不吃牛肉嗎？」

飯後時間，我們閒聊更多：原來，歐拉督萬是阿拉伯人，在法國出生，母親是摩諾哥（Monaco）的 Barbelian 族，奉父母媒妁之約，嫁給了他父親。當他問我「結婚了沒？為什麼沒結婚？」，對於這個在台灣很難回答的問題，沒想到會從浪漫的法國人口中出現了。我笑笑地把問題拋還給他「那你咧？怎麼還沒結婚？」

同為一九八一年出身的歐拉督萬，好像發現問了一個自己都難以回答的問題，開始把話題轉移到過去旅程的豔遇之中。不過，我還是告訴他，上一輩的台灣人結婚像搭上火車，一坐上去就要開到終點才能下車。但我們這一輩不同，離婚率很高，而且很多熟女都不結婚。沒想到，這個比喻引起他的興趣，他侃侃而談地說，在法國，即使傳說法國人生性浪漫，但對於婚姻，上個世代跟這個世代的法國人，觀念也差很多了。我問他，像他這麼漂泊的個性，是很難找到一同旅行的人吧？「嗯，曾經在菲律賓遇到美麗的法國女生，願意同行，但是面對兩難的選項，一、有一位正妹相伴的雙人浪跡天涯、二、繼續一個人的孤單靈性旅程。」顯然，他選擇的後者。

從這個話題我了解到，要勸退他不要隻身徒步南橫的行程，應該更困難了。

安全的路上，很難有精彩的故事

還記得那天，當我跟布農同事們說，法國人可能徒步通過時，同事們紛紛發言「這年頭還有人那麼愛走路啊？」、「那個外國人怪怪的捏！」、「我們在部落連買菜的都不想走路了，那個外國人怎麼會想走那麼遠咧？」

不過我想到當晚說服他回頭走路線大眾化的南迴，搭車也比較舒服的時候，他突然嚴肅起來跟我說：「Comfort is not my consideration, I want challenge !」（舒適不是我的考量點，我要的是挑戰）

那天晚上，歐拉督萬讓我看了許多這趟長達兩年旅程中的照片與短片，我更加明白他是為了什麼而來？影片中，他在印尼的公車上，從窗戶爬到了車頂上向遠方的山頭跪拜；在巴拿馬跳島的快艇上，與同船旅伴縱身一躍跳入汪洋中；在菲律賓梯田櫛次鱗比的小村落中，讓女巫師用木炭灰以細樹枝削肩在他手臂上留下象徵該族圖騰的紋身……

影片的場景都不是旅遊書上的熱門景點。於是我問他「這些都是你安排好的嗎？在出發之前，已經決定這些目的地嗎？」他回答「我大概知道要往哪個方向，然後，就看會遇到什麼人。他們會告訴我關於他們家鄉附近的故事，如果我覺得有趣，他們也順路，那就是另一段旅程的開始。」

我想，這樣的旅行，在華人世界中是不常發生的。歐拉督萬說，即使在法國也是如此，大部分人會選擇安全的路走。接者分享他的寫作計畫，他在筆記本上用法文寫著：「可是安全的路上，很難有精彩的故事，必須藉者冒險，在飢餓及疲憊的狀況下，才有最深刻的體驗。有些事情，過目即忘，但是那些突發的、走岔路的、雪中送炭的，在艱難的旅程中，會一步步踏進腦海、一幕幕寫進回憶中。」

「為什麼不用英文呢？」這句話出口後，我就後悔了，因為我應該懂得，就像他說的：「用一種不熟悉的語言來寫，因為詞語的不精確性、很難做出深度的表達」的確，寫作最困難的就是詞不達意，或是，欲說無詞。

人曾經有夢，口水流滿桌差點淹死後知道那是夢，夢遊到被轟出宿舍知道那是夢，實際嘗試過知道那是夢，用人生梭了來睹這是夢，人生如夢，夢如人生，法國博士用意外的旅程來編織他的小說，別人看的虛幻，對他確實身歷其境的真實；

我們都在演繹似假非假、似真非真的人生劇場，他是狂人嗎？或者我們是死人？只知道當戲演到一半，前台落幕後台換裝，總有開始懷疑自己人生意義的時刻，只要回想起過去的歲月，還能湧上一絲暖意，那就不枉了；甚至很值得，比那些珠光寶氣、西裝筆挺的，耐久耐看；至少我們覺得，那些過去，可以在獨處時讓自己眼角泛起瀅瀅淚光、嘴角泛起呵呵油光。

當大家一窩蜂地朝向穩定、中庸邁進時，才能襯托離經叛道的珍貴吧？我們投以羨慕、崇拜或是異樣眼光的同時，對他來說，只是朝向他夢中所牽引的，活得比較用力罷了。到底誰築夢踏實？誰夢遊飄忽？

那天晚上結束談話之前，他對我說：「我覺得你有哲學家的潛力」。是嗎？我只想跟他一樣有很多不一樣的故事。

最後，倒底法國博士有沒有完成徒步通過南橫的創舉？當然有，隔了兩天，他在臉書傳了訊息給我「Fucking the rule」（去他的規定），顯示目前人在東海岸，並且傳了一張與向陽派出所員警的合照。

南橫中的玉穗農路因風災崩塌。

苛頂的蝴蝶

三之六

山，有種很奇特的安定力量，像是不疾不徐的老船長，像是窗上凝結的水滴，像是環抱光臘樹皮的獨角仙，沒有匆忙的目的，只有緩慢的風吹過葉尖，皎潔的月穿透樹梢，靜靜的映在時間的輪廓上。五色鳥的木魚聲鑿出數個樹洞的窩，喚醒枯枝死後的留存價值，野果的發酵香味及玉蘭花的醺然，觸發了感官的細微感受讓呼吸變得用力。

在山上跑步，不再是種繞著固定空間轉圈的行為，而是體會環境的過程。都市的人們，會記得一個半月前的傍晚六點鐘嗎？我也不記得。但是在山上，我發現一個半月後的大捲尾，已經長出分叉的尾羽，仍站立在大雨過後放晴的同一支電桿上，同一窩的四隻亞成鳥，發出的已不是「吱吱」的乞食聲，而是「呼啾、呼啾」帶有變奏的蜿蜒曲調。

連續一個多月，荖濃溪上游的Lakus溪暫停浩大的水勢，山壁兩側的臨時瀑布已不見痕跡。剛上山時，天天來作客的白尾鴝，也不知去向，夜晚紗窗外不起眼的扁鍬，不知何時換成了帶有上釉茶几琥珀色澤的兩點鋸鍬形蟲。前幾天晚上，扒著落地紗門不肯離去的獨角仙母蟲，在我下山的幾天中，霸占了廚房，並且一個不小心跌個四腳朝天。福大命大的她，幸好在我發現前，沒有被螞蟻搬走。

山裡的建築，無意地成了趨光動物夜間的陷阱，常見到飛入室內的甲蟲與螽斯，我一律不客氣地把他們請出去，以免成為我入睡後，潛入的夜行貓的玩具，或是不得其門而出的冤死亡魂；大白天裡，

石牆蝶。

最令我在意的是循著氣流飛進遊客中心大門的蝴蝶，因為往上盤旋的習性，會在透明天窗上不斷拍震著翅膀直到欲振乏力，最後闔上翅膀，像在安息前的禱告。每次看到蝴蝶飛入，實在不願管理站成為他們人生的最後一站，但也無能為力。

飛入遊客中心的大部分是忙著遷徙的紫斑蝶。而有一天，石牆蝶出現，在透明的窗上，才驚訝地發現她身上的圖騰，與教堂中鑲嵌玻璃的線條極為類似。拿著相機為她做下紀錄的同時，望著窗外的綠意，感受到一股不自由的囚禁感，石牆蝶因為天生的習性而可能再也無法逃離。

而我按下快門的瞬間，突然感受到：為什麼過去不曾同樣仔細的觀察紫斑蝶？如果不是石牆蝶外表的美麗，大概不會誘使我拿起相機。人類不自覺受到生物絢麗外表吸引，追逐表面漂亮的事物早已成為一種慣性，往往也是不經思慮後的陷阱；而紫斑蝶也因為往上盤旋的習性，受困穹頂，無法掙脫。

習性殺了穿不透的蝴蝶，慣性殺了參不透的人類。自然運作不為單一個體的落後而遲疑，社會運作卻該為少數族群的弱勢而猶豫。然而，廟堂的激辯，未來的激昂，在這片自然中，都顯得太遙遠的虛無，太近視的膨脹。

聚集本性（Assemblage）的致命殺機

談到蝴蝶，讓我想起了一個悲傷的故事：群聚的本能，讓青帶鳳蝶陷入群聚的殺機。

台灣是蝴蝶王國，那大概是半個世紀前的事情了。那個時候，我家門前有小河，路邊野花多，蝴蝶成群的聚集在溪畔吸水，調皮的少年郎拿著自製的木桿蟲網隨手一撈，都是一大把。大批大批的蝴蝶被製成乾標本，隨著船舶運往日本，拼成大幅的蝶翅畫，成了收藏家品味的象徵。

然而，這樣的場景，今日卻不易見了。一來，過去捕撈過度，二來，適合蝴蝶的棲地因為開發及汙染而消失。能夠看到成群蝴蝶聚集的景象，一時間是雀躍，然後有種滿足的感動。至少，我還看過。

這樣的喜悅，完全能夠抵銷烈日的侵襲，日頭再刺眼，也不及我的目光如熾。只怕沒有銳利的把所有的影像烙印在視網膜上，隨著神經的傳導成為脈衝跳動時潛意識的一部分。只是，終究無法克服收藏的欲望，還是不得不依賴攝影器材為我紀錄見證。至少在某個角度，那是個蝴蝶與我曾經共存的時空。擔心記憶力的退化、害怕棲地的劣化，我用可能是導致環境癌細胞的３Ｃ產品，用現下的寫入擁有來弭補未來的淡去失落。

這終究是短暫的美好時光。我發現，聚集的行為裡隱含殺機。

從三棧溪往台九線行駛的林蔭大道下，蝴蝶屍體斑斑，呈現叢集分布，只要看見一隻死亡，附近就有許多隻死亡的個體。我好奇地停下來，這次，不再用攝影機，而先用眼睛觀察。隨著氣流而來的青帶鳳蝶，改變軌跡，像探詢般地靠近死亡的同伴，甚至在其周圍行走停留。這不是偶發現象，而是，大約有三〇%的青帶鳳蝶個體，都出現這樣的行為：飛低，繞圈盤旋，短暫停留後離開。

停留遭撞擊的青帶鳳蝶

正當我用哀悼死亡同伴不忍離去的想像來美化這一切時，直駛而來的車子打碎了一切，剛剛在地面停留的蝴蝶被撞了。於是，我懂了「為什麼死了一隻，旁邊就有N隻的陪葬。」那是個死亡陷阱。在過去的演化過程中，曾經用來集體防禦天敵的策略——群聚覓食的行為，現在人類的加入後，反倒成了加速死亡的陷阱。

公路上被撞擊
的鳳蝶。

鳳蝶屍體吸引
蝶群停留。

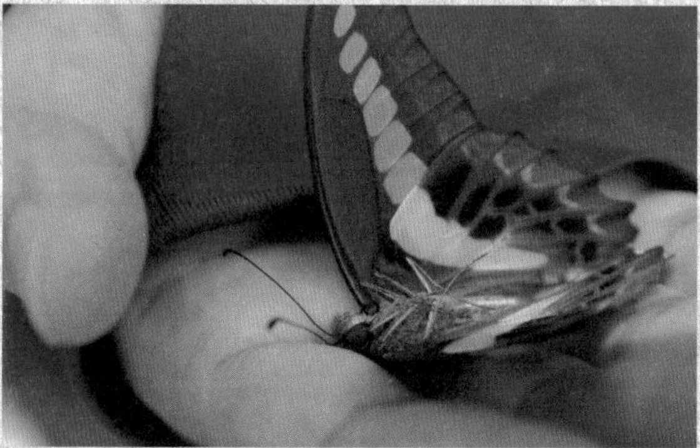

遭撞擊的青
帶鳳蝶。

繼續觀察後發現，即使是遭到重複輾壓，沒有軀體僅剩翅膀在微風中飄盪搖擺的翅膀，也會吸引接下來路過的青帶鳳蝶造訪，甚至，比那些軀體仍完整的同伴吸引力還高。我開始意識到，這個大自然的現象，還是別太感性的詮釋。實質且立刻能做的，就是把這些完整或破碎，在風中搖盪的殘翅撿到路邊，避免他們向海中的廢棄漁網般，不斷地成為殺蝶凶器。

錯了，殺蝶的是路過不長眼的車子，但，那些甚至尚有氣息，顫動中的殘存生命，卻眼睜睜地成了誤導同伴的致命陷阱。

我訝異的是，經過的黃粉蝶、端紅蝶並沒有出現靠近、盤旋停留的行為。他們就是隨著氣流經過而已。這樣的情況，更容易讓人誤以為是青帶鳳蝶對同伴的同袍情誼。然而，根據對北美大黃鳳蝶（Papilio glaucus）及美洲藍鳳蝶（Battus philenor）的研究，這些群聚一起的鳳蝶，很可能是受到對某種顏色的天生偏好，而本能地受到吸引，以黃色底的虎鳳蝶來說，並不會受到藍紫色的藍鳳蝶死亡個體吸引，反而，部分藍鳳蝶卻會被死亡的虎鳳蝶吸引。對他們倆種來說，黃色，就是致命吸引力。

這樣的致命吸引力，在我的觀察中，是存在個體差異的。因為，超過五十%的青帶鳳蝶，就這樣飛走了啊！他們並沒有停下來看同伴發生了什麼事。難道，這有性別的差異嗎？異性才會相吸嗎？

可能是一半對一半錯。是有性別的差異，但不是異性相吸，而可能是同性相吸。在許多鳳蝶（Papilionidae）的研究中，雄性的聚集傾向明顯高於雌性，他們被觀察到普遍聚集在一起吸水，正確地說，應該是吸液體中的鹽分（鈉 Na），這些鈉會儲存於雄蝶的精囊中，在交配過程中提供予雌蝶所需。這些吸飽了鈉的雄蝶，除了增加交配機會，也提高受精卵的發育成功率。特別在一妻多夫的鳳蝶種類中，雄性為了競爭，聚集在一起吸鈉的吸引力，更是巨大無比。

停駐吸水中一開一闔的視覺頻譜，更是造成飛蝶奮不顧身撲向風中殘翅的主因。軀體乃身外表象，擺動的翅膀才是靈之所趨。

但那些褪去的光輝，將逐漸失去生命靈動性。為了減少蝴蝶聚集吸水造成的路死事件，印度 Ripu Chirang 森林保留區特別設計了人工水窪，以牛的尿液、水果及動物屍體吸引蝴蝶往特定區域聚集，一方面防止蝴蝶聚集在路中央的水窪遭路過車輛撞擊，二來創造出賞蝶的熱點，為當地帶來生態旅遊的商機。同時，他們也在蝴蝶大量遷移的季節，豎立告示牌，警告來參觀的車輛減速慢行！

台灣也有類似的範例，在國道三號的林內段，架起了防護網，避免遷徙中的紫斑蝶被捲入高速車流中遭撞擊，另外，在高架橋下設置紫外線燈光，引誘紫斑蝶從橋下通過，都是工程中加入生態考量的良好範例。

當天，看著滿地的蝶屍，我能做的，就是一一把他們拾起，避免其他的鳳蝶遭受同樣的命運。但當時我更積極的作法是，我發了一篇文，告訴大家可以寫信給花蓮縣政府，信件內容簡要如下：三棧溪的水源乾淨、生態豐富，提供了蝴蝶良好的棲息環境，但是，請縣府設立告示牌，避免更多無謂的蝴蝶慘死輪下。

Chapter 4

各方焦土——當議員遇上各種動保題

動保界的論戰 四之一

如同中山大學生物科學系副教授顏聖紘當年對我的質問：「你應該去念動物保護，而不是來念生態保育。」

帶著對動物保護的出發點，進到生態保育的領域，確實遭遇到價值上的取捨；例如，當飼主沒照顧好的貓咪，成了捕捉（玩弄）野生動物致死的兇手時，該不該將兇手繩之以法，處以極刑？

通常被養家裡的貓咪，往往不缺吃穿，一旦進入野外環境，就成了他們的遊戲場。貓咪捕捉獵物，往往不見得是為了吃，而是為了玩。這時候，看似可愛的貓咪就成了戲謔野生動物的霸凌者；狗狗一旦成了野生流浪犬，也會捕食各種野生動物，甚至導致野生動物（例如柴山的山羌）族群因此下降。因此當有生態保育者因此提出呼籲，應該要大量捕捉、甚至開放獵殺流浪犬時，究竟該怎麼看待呢？

從個體福利角度來看，每個生命都是同等價值。所以，人們會搶救繁殖期間墜落的領角鴞，不管這些墜落天使是不是「物競天擇、適者生存」的法則下，應該被大自然淘汰的個體；我也曾經遇過陳情人表示，他認養的貓咪不小心跑掉，而提供貓咪給他認養的中途之家，卻緊迫盯人地要求他把貓找回來，以近似情緒勒索的方式，責難他不該讓貓跑掉。

還有，外來種生物一旦被指控會造成原生生物的浩劫，就註定會走向被撲殺的命運；包含了二〇二一年八月，在高雄海關被查獲走私的一百五十四隻貓咪，因為沒有來源國的出口證明資料，沒有完成檢疫程序，海關擔心這些貓咪帶有傳染病，會影響台灣本土動物的安全，下令被全數銷毀；同樣被大量被銷毀撲殺的還有一九九七年因為走私豬帶進口蹄疫病毒，使得台灣豬隻感染口蹄疫大流行，為了安全起見，當時撲殺了三百多萬頭豬。猶記得，當時服兵役的朋友說，阿兵哥被要求協助豬農處理撲殺豬隻，不斷重複地搬運死豬，而目睹大量豬屍的畫面，造成的心理陰影，到退伍後仍然存在。

為了顧全大局，要犧牲部分生命，這是人類所做的決定；但是，人類犯了錯，非法引進走私的動物，造成大量生命的浩劫，相對而言，被輕輕放下了；人類對待動物，當然也有差別心，三百多萬頭豬跟一百五十四隻貓咪，同樣被銷毀，但人們不會去詢問，這些豬能不能被人道對待，能不能不要殺？

對我來說，沒有一〇〇%的動保人士，我當然也不是。更何況，我還是以雜食者的生活型態存在，我並沒有因為看過屠宰場，就全面放棄吃肉；只是會更珍惜上了餐桌的食物，包含魚翅。雖然，我為了推動不要吃魚翅，自掏腰包印製可愛的愛鯊小卡片，放到戶政事務所提供登記結婚的新人領取，希望新人們能採用「無翅婚宴」。但是，如果魚翅已經成了桌上佳餚，端到眼前，我還是會把他吃完。

TNVR與零安樂死是最好的方法嗎？

簡單地說，動物保護跟野生動物保育，就是一個站在個體動物福利的角度，一個站在整體族群繁衍的角度，從兩種不同角度進行思考判斷。因此，只要清楚這一點，想事情的脈絡就會變得比較清晰，例如，對於一直存在爭議的TNVR政策（流浪動物的誘捕（Trap）、絕育（Neuter）、注射疫苗（Vaccinate）、放回原地（Return），到底應不應該做？或是「零安樂死」，是不是一個好政策？

只能說，牽涉到生命的問題，都沒有簡單的答案。

必須要依據時空條件、可用資源以及實務狀況，才能決定應該怎麼做。儘管很多民眾來說，或是民意代表在議會問政時，都會質疑政府：「為什麼不全部抓走？」但，問題就是，抓走，要放去哪裡？

目前台灣公立收容所的現況，大部分都是客滿的，因為在二〇一七年零安樂死政策上路後，官方的送養，趕不上捕捉進園的速度，於是官方收容場地很快就不堪負荷；多抓的，只好送往民間收容所；但是，據瞭解送到民間收容所的流浪動物，是用一次性的補助，每隻狗狗補助六千元至一萬二千元不等，收容所就得照顧一輩子，因此民間收容所如果沒有口袋夠深的支持者，誰撐得住？「抓進來養終身」幾乎變成一個無止盡的迴圈。

所以，「讓野外動物族群不要再擴散」成了目前台灣流浪動物問題的短期策略，TNVR就是這個策略下的工具。執行策略的有官方單位，以及更多民間投入；但是投入TNVR計畫的志工，常常和愛心餵養人士畫上等號。甚至會被民眾被抨擊「要餵！就帶回家餵！」

對！話說得簡單！最好是每隻流浪動物，都能有個家，讓流浪動物回到與人為伴的角色，這也是很多動保團體不斷呼籲「要養狗，去領養」的原因。只是，要解決流浪動物問題，眼下沒有快速的方法。所以，需要在達成「狗都帶回家養」這個目標前，還要有其他的解決策略。

如果流浪動物抓不完，用獵捕撲殺是否也是解決方案呢？有人可能會說，撲殺不人道，於是，零安樂死是人道概念下的政策產物，但是，一般大眾通常不知道，在推動流浪動物零安樂死的同時，我們的農委會是每年編列預算，請人在北部用獵槍撲殺外來入侵種鳥類——埃及聖䴉。同樣以動物保護角度來看，為何埃及聖䴉可以用納稅人的錢，僱請用獵槍打死，但流浪狗卻一隻都不能安樂死呢？

我們真正必須面對的是「對於失控的動物如何處置？」人類慣於帶著自己的偏好做決定，。當零安樂死在二〇一七年被推動，與紀錄收容所內部收容慘狀的紀錄片《十二夜》有關，《十二夜》勾起了人類廣泛的同情，同時也帶給政治人物推動零安樂死的誘因。

而溢流滿地的同情心所驅動的政治決策，卻沒有思考到台灣是否適合走向這一步？日本部分地區走在推動零安樂死之前，至少花了十年的時間，媒合社區、媒體，提升收容所送養率，立法禁止民眾隨意帶狗到收容所棄養，從源頭減量的事情能做的都做了，才敢喊出零安樂死的政策。反觀台灣，只能說，勇氣可嘉。

源頭管理才是正本清源的解方

台灣政府總是抱著政策先行，至於可能衍生的問題，後面再想辦法的態度來處理各種問題。而我認為要解決流浪動物問題，應該從「源頭管理」開始做，才是正本清源的解方。只是，當執法者依法行政，要對不願意負責的飼主執行義務時，民意代表卻幫民眾說話：「有那麼嚴重嗎？只是沒有繫上狗鍊就要開罰？」繫狗鍊，代表一種可取締性，當有牽繩的飼主被查到沒有幫自家寵物植晶片，才能白紙黑字的開罰，否則，被查到沒植入晶片，飼主大可雙手一攤，「喔！那不是我養的，只是剛好跟在我旁邊而已」動保人員，面對這樣的執法現況，只能徒呼無奈！

所以，我認為相較推動源頭的寵物登記、植晶片、絕育的ＴＮＶＲ，看起來是在做末端補救工作。但現況是能在小區域、短時間內、高密度地推動野外浪浪節育，是「沒辦法馬上從源頭解決」的可能方案。至少能夠在短期內看到一點效果，減少流浪動物繁殖增加的數量。

以流浪動物數量不少的高雄柴山為例，在柴山的很多流浪犬從第一代流浪開始，已經經過好幾個世代，野外繁殖的族群，不像是人類的同伴動物，跟人有非常大的距離，就連要誘捕，都變得非常困難。但是有一群人就是寧願花費數周的時間，去觀察這些浪犬出沒的地點、數量、習性，然後用各種方式（包含餵食）去接近這些畏懼人類的浪犬。再設置大型捕捉籠，捕捉到連動保機關都無可奈何的犬隻，以便進行絕育手術。

這個過程，用文字敘述，看起來很簡單。但是，如果親身實際參與，就會知道其中過程充滿著耐力活跟體力活。

以在柴山推動TNVR的台灣之心協會志工為例，首先，光是要郊山地區進行觀察，面對山林裡蚊蟲攻勢，就是得要忍耐；要靠近犬隻，更是需要理解犬隻行為的耐心；要把誘捕籠扛上山，在犬隻進籠痲醉後，還要連籠子加狗一起扛下山……這些過程，不是外界所說：「你們都只會餵狗。」這麼簡單而已。從二〇一九到二〇二〇年，台灣之心協會的志工們，在柴山用這樣耗費體力方式捕捉施行絕育的浪犬，就已經超過三百隻。

到底是在山區流血流汗推動TNVR的志工做得對？還是在網路上抨擊

TNVR是無用論者說得對？

我是支持願意實際行動的立場。如果可以讓許多在各級學校或公益團體的愛心媽媽，說服她們成為推動TNVR的關鍵人物，有更多的志工加入，這樣的改變，絕對對解決台灣流浪動物問題有幫助。至於認為TNVR是「以愛心人士假結紮之名行餵食之實」而對TNVR產生負面評價的人，我只能說這樣的觀感不盡公平。至少就我認識的動保團體志工人，在幫浪浪結紮釋放回原處後，並沒有進行持續餵食餵養，流浪狗貓們得靠自己在野外討生活，利用原地占有領域的特性，靠生物本能阻止新的流浪動物出現。

至於是否該讓TNVR成為制度化的處理方式呢？我認為要「因地制宜」，如果在TNVR實施有成效的地區，官方加上民間協力，投入公務資源，讓該區域成為示範點，並且杜絕未管理的餵食行為，節育又控制餵養，至少能夠在區域性達到控制流浪動物的目標。TNVR若要制度化，有一些先決條件必須先克服，包括社區居民對於施行TNVR的共識，以及是否能夠由政府來擔任釋回流浪動物的管理者，也就是晶片登記飼主為官方單位，而非民間單位；否則，對於出錢又出力，長期投入促成改變的志工與團體，要背負成為浪浪的法定飼主的相關責任，不見得公平。

一場肢解的生命教育——長頸鹿 Marius 之死

四之二

我們對生命教育的態度，有時處於一種偽善的程度。

我們希望收容所實施零安樂死，但卻對於收容所的動物環境品質，置若罔聞；我們期待小朋友從動物園中學習野生動物的知識，但卻對於動物園中的動物是否因為長期圈養而失去野性，視而不見。

有些在原生棲地移動範圍廣大的動物，天性根本不適合移居在地狹人稠的台灣動物園裡，例如，熊類、獅子、老虎與大象，這些動物在野生環境的移動範圍可以達到五百平方公里（約兩個台北市的面積），他們需要為了生存而不斷移動，尋找食物，進行狩獵。但進入動物園後，居住在不及野外十萬分之一面積的空間中（我甚至看過黑熊被關只有十坪大的空間），天生的野外行為被侷限行使，若在人類社會中，等同於被「抓去關」。試想，長年被囚禁在狹窄籠舍環境中的動物，要如何期待他會表現得像是正常的野生動物？又如何讓小朋友學習真正的野生動物教育？

有些有歷史的動物園，早期的動物來源是商業動物收購。近期，在動物福利與生態保育概念逐漸抬頭後，漸漸地轉變為走私動物、救傷動物的收容所。甚至現代的動物園，肩負更重要的使命：瀕絕物種的域外保育與種源保存。

動物園，以保育為名？然後呢？

二〇二一年八月，台南的頑皮世界，聯合動保團體對外宣布：「原本預計自非洲史瓦帝尼引進十八隻長頸鹿的計畫，因為不符合原本『長頸鹿復育基地』的初衷，宣告取消引進計畫。」何謂「復育基地」的初衷？這也是世界上許多動物園，在設置之初，所對外宣稱的主要功能，希望能提供野外瀕臨滅絕的動物族群，一個移地保育的保種環境。

談到動物的移地保育，最鮮明的例子是位在厄瓜多爾的加拉巴哥群島上的平塔島亞種象龜「孤獨喬治」，因為島上植批被外來山羊破壞，待研究人員發現時僅剩一隻，即使當地的達爾文研究站試圖讓孤獨喬治與亞種的雌龜交配，最後仍告失敗，二〇一二年六月，加拉巴哥國家公園宣告：「加拉巴哥平塔島亞種象龜從地球永遠消失」。

鹿科的「四不像」（Père David's deer）的運氣稍微好一點，十九世紀時，曾經一度在中國消失，直到一個世紀之後，靠著當時八國聯軍戰亂從中國運出的十八隻四不像在英國莊園內圈養復育成功，再從英國再次引回中國，才重新養成四不像在中國的族群，目前估計中國約有三千頭。

然而，像「孤獨喬治」、「四不像」這類，以稀有為名的保育案例是少見的。曾有研究針對動物園做過普查，發現動物園中的動物一般皆為常見種，稀有種的比例未達三〇%；過去一世紀以來，各地動物園曾經嘗試過一百四十五次野放計畫，成功的僅有十六次。

在全球人口持續攀升，自然資源劇烈消耗，再加上氣候變遷，環境受到天災與人為擾動的面積逐漸擴大，程度也超越以往，讓一些侷限分部、過度利用或是自我繁衍困難的物種（例如：熊貓、北極熊、孟加拉虎等等），受到極大的生存威脅。這類繁衍困難的物種，當其族群量下降減少一定程度之下，人類認為必須將其移至特定範圍進行保護，以免無法承受自然環境的變動，而造成滅絕的結果。

「移地保育」就是以「衛星族群」的概念，復育在天然環境中，可能因災害而導致大規模死亡的物種。而動物園是移地保育中，用高度人為操作方式進行物種復育的方式。這是動物園除了生命教育之外，最常被拿出來談論的功能。事實上，若檢視動物園中大部分的圈養物種，並非以上所述，需要保育的瀕危物種，被視為能吸引遊客目光的「明星物種」。因此，動物園的保種保育功能，是否符合初衷，便是需要被放大檢視。

不能否認，部分台灣的生物研究中心或是野生動物收容中心，仍存在野生動物救傷收容，以及待傷癒後訓練野放的功能。深入來看，很多被收容的野生動物，因為缺乏來源與血統親緣關係紀錄，不曉得從哪裡來，自然也無法再放回來源地，可能終其一身，都無法回歸到大自然中。

如果動物園的保種功能，沒有當初宣稱的那麼義正詞嚴，那麼另一個重要目的：生命教育呢？

被安樂死的長頸鹿

丹麥的哥本哈根動物園，在二〇一四年曾經做出一個大膽的決定：園方將十八個月大，名為「Marius」的長頸鹿安樂死，並且在眾多遊客（包含小孩）的注視之下，將長頸鹿解剖；園方宣稱，這是難得的「生命教育」。

一般人難以想像：在環境權、動物福利受到重視的丹麥，為何會發生如此駭人聽聞的事件？我憑著當時的外電報導，想像長頸鹿被解剖的畫面，感覺有點超現實。於是，進一步搜尋相關的討論，探究背後原因，哥本哈根動物園的決定不是完全不合理的，而有其科學化管理上的依據。

以阿姆斯特丹為基礎的歐洲動物園與水族聯盟（EAZA）有一項長頸鹿的繁殖計畫：希望在動物園中，以人工照護方式促進稀有品種的繁衍。該計畫中，在動物園經營管理的考量下，雄性長頸鹿在成長到十八月至二十四月齡（性成熟年齡）時，必須被強制移出原本的族群，一來避免近親繁殖，二來避免雄性之間為了繁殖競爭產生的打鬥行為。被移出的雄性長頸鹿如果體型夠壯碩，就會移送該聯盟中其他的動物園，與該動物園中的雌性長頸鹿群相處，促進繁殖的可能。

然而，Marius 不夠強壯，不夠 man，因此他並沒有被挑上成為人中之龍，再加上在族群延續計畫的努力之下，部分長頸鹿品種已回復至預定的數量，Marius 所屬的亞種，在聯盟的動物園中數量已達飽和，他們的空間必須被清出，供動物園收容其他基因更稀有的亞種長頸鹿。

Marius面臨了無處可去的窘境，依照EAZA的計畫，他只能被交給非聯盟計畫所屬的動物園，否則會影響其他長頸鹿的基因保存。哥本哈根動物園曾經跟瑞典動物園接洽，但瑞典動物園表示，他們無法保證Marius會在動物園終老，有可能會被轉賣至馬戲團或是私人遊樂園，如果是這樣的情況，恐怕不會受到太好的對待。

經過種種考量之後，園方做出了對Marius安樂死的決定。

難道這是不得不的決定嗎？

消息一出，引起動保團體的大加撻伐，瑞典動物權利解放團體表示，「他們相信，Marius的案例並非特例，有許多動物園中的動物最終遭到這樣的對待。」長期觀察EAZA長頸鹿繁殖計畫的動物觀察者賈伯倫（Jörg Jebram）表示，從二零一二年開始，歐洲動物園聯盟至少對兩隻以上的長頸鹿進行安樂死。

擔任哥本哈根動物園的科學主管的生物學家Bengt Holst則表示：「站在整個族群的觀點來看，Marius所代表的族群基因已經過度繁衍了。事實上，為了提升收容動物的生活品質，避免空間的過度擁擠，哥本哈根動物園每年安樂死二十至三十隻的動物，都是經過科學評估後的結果。」

如果預知有一天動物生活空間可能無法乘載，安樂死成為不得不的決定，為何當初為不對長頸鹿進行避孕呢？根據園方解釋，過去的避孕方式需先對長頸鹿進行麻醉，在麻醉過程中，肌肉放鬆的狀態下，極有可能造成長頸鹿頸部受傷，但目前已研發出可長距離直接注射至長頸鹿體內的避孕方式。

長頸鹿安樂死的爭議仍在延燒，甚至有激進的動保人士寄死亡威脅信給動物園經理。但平心而論，藉著這件事，我們得以重新思考檢視動物園的保育功能，以及對於這些為了種種原因而被囚禁的野生靈魂，他們從來也沒有選擇權，他們的生存權、動物福利在哪裡？

對照哥本哈根動物園將安樂死過程直接赤裸曝光在大眾面前，並以解剖及隨後將屍塊餵食獅子當作生命教育的同時，把時間軸及空間軸拉近，二〇一三年十二月在高雄壽山動物園發生黑熊咬死黑熊的事件，事後園方第一時間並未發布黑熊已死亡的消息，在媒體不斷追問之下，一個月之後才對台北市立動物園及大眾承認，從木柵動物園移至壽山動物園的成年公熊——小山因為柵欄卡榫鬆脫，遭鄰近的年輕黑熊闖入攻擊，已經死亡！

相對而言，哥本哈根將安樂死過程公然揭示的做法極具爭議性，排山倒海而來的抗議聲浪必然可見，然而，為什麼園方選擇這樣的方式處理呢？

無非是想做一場「非常實際」的生命教育——在丹麥，動物權概念高漲的今日，他們想提醒大家，殺戮行為固然可怕，但不看見並不表示不存在！長頸鹿在野外本來就得面臨獅子獵殺的威脅，就像，我們口中的牛肉也非憑空而來。為了反映野生環境殺戮的事實，最後，Marius 的肉，被拿去餵了獅子。

這個事件引起爭議，是因為長頸鹿是可愛的動物。如果今天是一隻瞪羚，甚至，一隻豬呢？殺生這件事，真是比氣候變遷顯得更令人不願面對的真相。有位朋友曾經說過，「如果存在的生命都無法獲得關心，那麼，又怎麼可能去關心看不見的氣候變化呢？」

走進電影院看記錄收容所實況的紀錄片《十二夜》，牽動了許多人的情緒，那些早就存在二十年以上的問題，才重新又被認識一般，也許是被記錄的主角是我們最熟悉的狗狗貓貓。但，被吃在嘴中的，被擦在身上的，那些被當作松坂肉飼養的豬和牛，被拿來作為人類化妝品試驗的鼠和兔，他們的《十二夜》，尚未被拍出來，然而，他們的生命所受到的磨難，跟人類的利用行為是更直接相關的。

就大方承認，動物園的觀光價值還是大於教育功能吧！

台灣動物園的隱憂

人們往往選擇看到美好的一面。當動物園及水族館宣稱，從南極來的企鵝、中國來的貓熊、太平洋來的鯨鯊，能夠為人們帶來多麼可貴的生命經驗、多元且真實的環境教育同時，大概很少人知道，台灣黑熊在台灣的山林間是怎麼生活的。

過去，媒體上曾出現「遇到熊要裝死、要爬樹」的資訊，但依據長年研究黑熊的屏科大教授黃美秀說：「熊會吃腐肉、熊也會爬樹」，最近幾年，在關心台灣黑熊的保育人士、企業及媒體努力下，我們對於台灣黑熊的生存環境認知普遍提升，但這樣的認知提升，跟動物園圈養熊類的關聯性有多大？很多人可能還是不理解，為何這些熊類終其一身，必須被關在狹小的活動空間。

台灣黑熊過去曾經有人飼養在家裏，在野生動物保育法頒布後，部分飼養人擔心觸法，而將黑熊送至公立收容機構及動物園。但這些黑熊到底從哪裡來？並不清楚。二〇〇六年，黃美秀與特有生物研究保育中心副主任楊宗吉曾經試圖將圈養的黑熊「黑皮」放歸野外，然而，最終因為資料不足，無法證明「黑皮」為台灣野外族群後代，在擔心會血緣不純，可能污染台灣黑熊野外族群基因庫的顧慮下，「黑皮」數月

圈禁在不到十坪大面積的黑熊。

後，於圈養籠中過世，無緣回到野生環境。

經過多年的基因資料庫建立之後，二〇一二年動物園及保育、研究單位間簽署了「台灣黑熊復育合作保育宣言」，規劃針對遺傳性狀與野外族群較為一致的台灣黑熊個體移至特生中心低海拔試驗站集中收容，而血緣與台灣原生種差異較大的馬來亞種黑熊則移至新竹六福村動物園、高壽山動物園及屏科大野生動物收容中心。然而，這還是台灣動物園中少數針對野生動物族群的聯合復育計畫，其他的動物園的功能，大致還停留在觀光休閒、提升遊客量的目標。以高雄市立壽山動物園來說，其編制在高雄市政府觀光局下，每年預算經費僅有三千萬元，甚至比台北市動物園企鵝館單館的預算經費還低。重點是，既然是觀光單位，遊客量當然成了第一績效指標。「教育」能當作觀光局的績效指標嗎？新竹市立動物園，甚至還是在新竹市政府產業發展處底下，組織編制只有三人（主任、獸醫、課員各一人）？

雖說動物保育是動物園的核心價值之一，但遇到走私動物、違法飼養動物需要收容的時候，動物園卻不見得能提供這樣的收容空間。因此，屏科大的野生動物收容中心，收容了為數不少的靈長類（如紅毛猩猩、黃金頰長臂猿），大都來自於走私或棄養的個體。有一陣子，食蛇龜在國際貿易市場行情大好時，一批幾千隻的食蛇龜走私遭查緝後，不是交給動物園，卻是交由中興大學進行臨時的收容。這些無處可去，經年累月增加的動物不斷地進入各地收容中心，終究會有飽和的一天。

台灣腹地有限，動物園及收容中心的空間也有限。收容空間不足的情況下，導致原先在草原、森林等大範圍活動的動物，如棕熊、黑熊、黑豹、大象等等，都因為缺乏在野外捕食、爬樹及尋找水源等自然行為，而出現精神緊迫的症狀。

不過，在國外引進的明星動物光環籠罩之下，其他野生動物的生活困境，很容易就失去關注。

而發生在動物園裡，所謂的生命教育往往是可以聽到民眾說，「啊！熊一直點頭好白癡喔！」、「老虎一直繞圈圈好可憐」、「獅子好像有點瘦」、「豹一直在睡覺」。這類無關於動物自然棲息環境與野外行為的觀察心得與反應，具有教育意義嗎？真的有比在家觀賞 Discovery、Animal Channel 來得好嗎？

受限於空間與環境條件，台灣的動物園實在沒有本錢繼續引進國外的大型動物了。哥本哈根動物園長頸鹿的安樂死，奠基在聯合的科學復育計劃，必須挪出空間供稀有物種的收容之上；而台灣動物園的空間與經費相對國外來說已十分不足，卻還是時常拿來供養可愛動物及明星物種。動物園中有多少專業的保育員編制？保育上的專業建議，遇上為了觀光目的而意圖引進大型動物的政治考量時，還能堅持多少？對於大眾而言，去動物園逛完一趟後，留下了什麼記憶，是猴子來搶塑膠袋很過分，還是獅子很瘦很可憐？

哥本哈根動物園的做法或有爭議，但他們選擇了讓這樣的做法攤在陽光下，供大眾檢視，甚至，他們意在引起對生命教育的討論。從 Marius 之死，除了活生生血淋淋，還看到了那些不見天日，卻應該被關注的角落呢？

真正的台灣原住民──台灣獼猴不是你的敵人 四之三

談到動物園，本來應該具備的珍稀物種的保種功能，實際上功能有限；我認為現代動物園，除了野生動物的救傷安置，收容無處去的動物，重點就在於生命教育。很多小孩已經失去從自然環境長大的機會，所以大人選擇的，就是把自然搬到都市來給小孩看，很多野生動物就因此離家來到動物園。

不過，短期內，台灣動物園的模式，應該都是會如此，要像丹麥哥本哈根動物園，藉由把長頸鹿安樂死來討論動物族群控制的議題，甚至當眾解剖來進行生命教育，對於台灣民眾而言，應該難以接受。不過，好好地進行生命教育是必要的，否則怎麼對得起千里跋涉，從溫帶來到熱帶受苦的動物們呢？

不過，動物園對於「生命教育」的定義，未必跟我想得一樣。因為有一次我從待審計畫書的內容中看到，新壽山動物園居然以「生命教育」名義，計畫設置「獼猴餵食區」。當下，我真的驚呆了，幸好被我揭露之後，這計畫就終止了。

為什麼設置「獼猴餵食區」會讓我驚呆？因為台灣獼猴對於高雄人來說，有種獨特情感，就是又愛又恨。應該說，有人愛，有人恨。特別是在高雄某些區域的人猴生存空間已高度重疊，經常聽聞，猴子搶人類早餐、人拿拐子打猴子等，儼然是人猴之間的地盤之爭。不過畢竟武力不同，在文明社會中，人類還是占有絕對上風。

回到生物科學上，必須強調台灣獼猴是台灣的原生種動物，比台灣人更早棲息在這片土地上。然而，自二〇一九年台灣獼猴正式從保育類動物解列後，動保團體卻開始陸續接收到許多獼猴虐養案件，像是：為捕捉小猴殺害母猴；謠傳小猴子不喝水就不會長大，因此從此不給水喝；被養在家中的猴子終日都囚禁在狹小的籠子中……

試想，人類若遭受狹小空間囚禁，身心靈都會大受打擊（曾經因為新冠疫情不得不被隔離數日的人，應該能感同身受），更何況台灣獼猴與人類基因相似度高達九七%，囚禁式的虐養，無疑對獼猴而言就是種折磨；另外也有因為搶食而與民眾發生人猴衝突，導致獼猴被毒殺或虐殺等慘無人道的情況發生。

沒有了保育類動物的保護傘後，台灣的行政機關對台灣獼猴被虐養，竟然無能為力，因為野生動物保護只有規定「不能獵捕」，卻沒有不當飼養的處罰，造成公部門遇到被舉發的虐養個案只能柔性勸導，無法強制帶離，更無法對施虐者做出處分。

對此，我認為除了修正法規以外，更應該從教育宣導的部分著手，由各局處在各自領域辦理教育宣導，從學童到成人再到觀光客的宣導，讓大眾對獼猴有正確認知，促進人猴共存。像是：

- 觀光局新動物園設置實體解說牌、停車場懸掛宣導看板並請 DJ 錄音廣播循環播放，開園之後請志工協助帶領遊客做入園前宣導。
- 環保局環境教育部分增列辦理獼猴教育宣導，以及針對內部員工做環境教育。
- 農業局請志工及委外廠商持續於假日巡視及宣導，以及獼猴不得私養的相關宣導。
- 教育局協助台灣獼猴共存推廣協會進入校園，從幼兒園到國中小高中辦理宣導活動以及教師研習講座。

野生獼猴不適合飼養

至於獼猴可以飼養嗎？

答案是：不行！除了在野生動物保育法修正前原已登記在案的個案，其他被發現的新飼養獼猴個體，都會追蹤來源。如果，被發現飼養來自任意獵捕獼猴的行為，最高可裁罰三十萬。台灣獼猴仍受野生動物保育法第十七條保護，不可以任意獵捕，如果隨意獵捕，依野生動物保育法最高可處三十萬元罰鍰

除了會有受罰的可能之外，我也跟大家說明不該把台灣獼猴當寵物的原因：首先，獼猴成年後，不論性別，發情期都會有生理需求，人類無法處理。此外，至少要提供三坪以上的生活空間，才能達到最低的動物福利要求，而人造環境永遠不可能提供獼猴生活的大自然環境。

當無法滿足獼猴需求的時候，獼猴就會容易焦慮、暴躁可能會導致人與猴間的互相傷害，這樣對誰都沒有好處。此外，被圈養獼猴容易發生人猴共通傳染病。在人類環境中下，很可能造成「疱疹 B 病毒感染症」活化及傳染（目前全球五十名傳染案例都是來自飼養個體）。

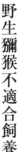

如果遇見有人私自飼養台灣獼猴可以怎麼辦呢？可以拍照蒐證，盡可能把人、事、時、地、物拍下來且記錄好時間！也可以通報公家相關單位——全國動物保護免費專線：〇八〇〇二三一五三二。

我曾經在玉山國家工作一段時間，位於玉山國家公園西北園區的塔塔加也有很多獼猴，但塔塔加的獼猴多了幾分野性。大概是因為玉山國家公園成立得早，公園管理處對於禁止餵食獼猴，做了很多宣導及執法，獼猴們都回去吃自己了；但是高雄柴山的獼猴，因為地緣之便，常吃得到人類食物，有些人的食物味道還是比草根或種子好，也容易造成柴山獼猴會與人搶食的狀況。

其實，不管人、狗或是猴子，懂得察言觀色，鐵定不會錯。我在大學期間曾經到小學推動「犬隻行為教育」（製作為「小白、小花何處去」的成套教案），就是希望小朋友學習理解狗的行為語言，就能夠減低被咬的風險；然而獼猴也是如此，人如果能識別獼猴臉上寫的喜怒哀樂，了解獼猴的行為，就能降低人猴衝突。

所以，我這幾年持續與民間團體合作，希望培訓獼猴生態導覽員，讓山友們正確的認知人猴互動的正向模式；對我來說，我不怕狗，因為我大概可以理解狗所表達的行為狀態，但我比較害怕猴子，因為不確定猴子下一步要做什麼。

對於時常爬柴山的山友，能夠透過生態導覽來認識猴子的語言，就比較容易不怕猴子。因為動物有種習性，當他察覺你恐懼、或是由恐懼伴隨的攻擊意圖時，就對你更有興趣，衝突就可能發生；相對而言，如果走好自己的路，路過獼猴所在地時，保護好食物不露白，就比較能降低衝突。所謂「理解共存」，當然不是猴子理解你，而是你去理解猴子，不然我們要怎扛起萬物之靈的招牌？

捕獸夾的爭議

二〇一九年時，中山大學宿舍區外，被發現一隻拖行著捕獸夾的獼猴。

當時，發現受傷獼猴的學生心急地向我反映，我請團隊同仁跟農業局求證，農業局表示：「中午有派委動物救傷人員去現場，認為猴子仍可以自由活動，所以暫時不需人為介入捕捉處置。」隨後，我又請教了長期關注柴山獼猴生態的台灣獼猴吱吱黨。沒想到該團體的人員告訴我「這其實已經是近年來，第八起疑似被獸夾傷害的紀錄。」

不只是獼猴，許多野生動物（例如山羌、石虎）時常聽聞被捕獸夾困住、夾傷殘廢甚至死亡的消息。在鄉下地方，時常可看見斷腿的狗或貓。其實，野生動物保育法自一九九四年起，就已經立法禁止使用獸夾獵捕野生動物（但在特殊條件下可以使用）；二〇一一年，動物保護法也修法明訂「非經中央主管機關許可，任何人不得製造、販賣、陳列或輸出入獸夾。」

但是，獸夾在各地方使用的情況仍然普遍。很多時候，使用者依據下述的理由合法使用獸夾，所以在取締違法獸夾使用上，會遭遇實務的挑戰。

野生動物有下列情形之一，得予以獵捕或宰殺，不受禁用獸夾限制：

一、有危及公共安全或人類性命之虞者。

二、危害農林作物、家禽、家畜或水產養殖者。

三、傳播疾病或病蟲害者。

四、有妨礙航空安全之虞者。

五、台灣原住民族基於其傳統文化、祭儀，而有獵捕、宰殺或利用野生動物之必要者。

基本上，獸夾已經全面禁止製造了，理當不會有新的獸夾產生。不過，事實上，網路社群上，還是不時可見販售新製獸夾的情況。其實，我們也曾經舉報過幾件，由於是網路販售，需要由網路警察偵辦，警察又以刑事案件優先，還必須請網路平台經營者提供販售者資料，最後往往都無疾而終。

農委會曾在二〇一六年提案修法，刪除野保法及動保法中，上述得以使用獸夾之例外規定（達成全面禁用獸夾之目的），不過這個修法提案，最終未能通過。未能全面禁用獸夾，導致執法的困難。但是起碼農政機關跟警政機關，要先協力去取締非法的獸夾製造及販售，從源頭遏止獸夾的生產販售，才能減少這樣的悲劇重複上演！

從源頭落實獸夾的管理，才能避免傷及無辜，不過，源頭管理真有那麼困難？其實關鍵在於執法人力的不足，如果獸夾源頭稽查的處理強度，跟槍砲彈藥一樣，也有同樣的績效點數，那獸夾就不愁抓不到非法來源。但獸夾又不夾人，所以人哪會那麼關心？

有一次，我參加了行政院唐鳳辦公室公共數位創新空間小組（ＰＤＩＳ）舉辦的「捕獸夾案」的討論。對於捕獸夾管理，我提供了下列的想法：

因為捕獸夾而造成的斷腿犬貓、無法掙脫而死亡的野生動物，在網路上搜尋可以找到非常多慘劇的照片，但這個問題，一直無法獲得有效解決。即便野保法規範，除了在特殊條件下，得以使用獸夾獵捕動物，其餘一律禁止使用。

這些特殊條件，比較常見的包含：危害農作物、原住民傳統文化祭儀時，可以使用獸夾獵捕野生動物。動保法則規定：非經中央主管機關許可，任何人不得製造、販賣、陳列或輸出入獸夾。但是，野保法跟動保法規定的差異在於，野保法中危害農作物，在私人土地是可以直接使用獸夾不需申請；但動保法中規定要經主管機關許可才能使用。

不過，法歸法啦！實際執行上，每年查獲違法使用獸夾開罰的案例，都是個位數。最困難之處在於：即便看到山徑旁有個獸夾，沒有人知道是誰放的？所以，何不回到源頭？從持有及製造開始追查？但是非法持有獸夾者，除非鄰居告發，不然誰知道？

製造獸夾的工廠，可以外銷，但不能內銷；所以如果要控管獸夾的來源，只要確保國內製造的獸夾，不會流入國內市場。不過別忘了網路販售的獸夾，像是在臉書偶爾可見中國製的獸夾公開販售。

針對獸夾控管，原先我的提案是「要求國內工廠製造獸夾要有批號，並且鋼印烙批號碼；加強網路販售及國外代購平台的控管。」但地方主管機關針對提案的回應卻是：目前拾獲的獸夾，都是舊的獸夾，很少有新的獸夾被發現；關務署則表示，近三年沒有查獲非法輸入的獸夾。

如果以上官方回應屬實，無疑就是要從台灣島內現行持有獸夾的管理著手。不過，農委會官員針對獸夾的回覆卻是：「農民要在私有土地上使用獸夾，其實不需要申請。」總而言之，獸夾管理本身似乎遇到了一個瓶頸。

所以小組的討論內容，從杜絕獸夾輸入及使用，變成討論如何推廣替代方案（例如：電網）。

在場農民朋友對於農作受損的情形非常切身，堅決表示不可全面禁用獸夾，因為獸夾是最便宜好用的工具，即便獸夾常常捕捉到非目標動物（獸夾放在那裡，經過的就中）。但對於獸夾非常有研究的專家表示：其實獸夾的設計方式，如果可以精緻化，就可以避免捕捉到非目標動物。政府應該提供誘因，督促廠商在生產設計階段，將這個考慮進去（像是目前捕捉鮪魚的遠洋船，就會有海鳥趨避繩、海龜逃生設計等，避免不小心捕到海鳥、海龜）。

現場也有對於獸夾使用長期研究的團體提出，如果可以分級管制，其實就可以兼顧農損預防及動物保護，例如，預防山豬進入農田跟抓山羌的獸夾尺寸不同，如果是要抓山豬的獸夾，就不需設計得太大，避免造成黑熊被誤捕。曾經有一隻編號七一一，黑熊研究團隊稱為「大胖公熊」，因為飢餓進入農田，結果被「山豬吊」誤捕，當時保育人員費了一番工夫才將大胖救出。

如果獸夾對農夫來說有其必要性，那也要由政府進行分級管制，針對尺寸進行特殊個案的申請；如果是濫用的獸夾，可以設立檢舉獎金，鼓勵一般民眾檢舉，畢竟動保人力有限，要逐一落實取締執法，確實有其困難度。

這些那次會議討論中，我聽到比較明確具體的建議是，使用電網趨避獼猴的案例，在場提初建議的農民表示：用電網趨避獼猴很成功。只是，如果要全面使用電網替代，因為設置電網有一定成本，不是每位農友都願意投入設置。因此政府在推動野生動物保育的同時，必須要先精算有多少預算能夠投入補助農友增設電網。

另外，針對獸夾的使用型態／來源／分布熱點，在台灣目前沒有任何的調查報告，這對在擬定獸夾管理政策上，會形成非常大的不確定性。因此我認為應該先建立初步資料搜集，才有辦法從源頭分析，進而制定管理政策。

儘管耗費一個下午參與各界討論，以及從同組的夥伴實務分享中，學習到不少，但落實管理獸夾的關鍵仍是：政府願意投入多少資源來改善呢？

動物沒有選票、不會去政府抗議，不過，當天協作會議的氣場，讓我感受到，搞不好有非常多的動物亡靈，拖著斷腿在四周徘徊。

被捕獸夾弄傷的獼猴。（照片提供：台灣獼猴吱吱黨）

狩獵的傳統文化 vs 山林永續 四之四

在野生動物保育法中，關於開放原住民狩獵的議題，有段時間，曾激起廣泛討論。原住民團體希望可以全面開放狩獵，只要在「非營利自用」前提下，就可以自己打獵自己吃。這個提案的精神是在「原住民基本法」中，所賦予原住民既有文化權力（傳統領域回復、傳統祭典放假、部落自治機制）架構下，被提出來的。

不過，以過往在部落生活的經驗，很多部落族人的確有自己打獵食用的習慣，這也是為何我會在梅山生活那段期間，曾經在遊客中心辦公室的冰箱發現山羌頭的原因。原住民打獵除了獵槍，也會使用獵犬輔助，聽說我在冰箱發現的山羌頭，就是小黑狗去咬回來的。不過，現代化的狩獵使用的工具已經遠遠超越傳統工具，像是，單發獵槍改裝為散彈槍，再搭配夜視鏡使用。不過，打獵至少是人要花費勞力去尋找獵物，對獵人來說，更普遍又能提高捕獵機率的方式，就是到處放被動式的陷阱——獸夾，等獵物自己上門；有些獸夾抓到獵物，卻因為獵人來不及去收，放置任其腐爛；因此獵人抓這麼多獵物，已經超過「自己抓自己吃」的程度。

從政治文化角度來看，原住民自治是一個複雜的議題，如果數百年前，漢人文化與政治特性沒有進入部落前，相信當時的部落自治精神，絕對能夠延續山林自然資源的永續利用。因為依據部落傳統，部落頭目、長老、耆老或是部落會議等能夠決定狩獵季節、狩獵人數、狩獵獵物種類、數量的部落管理機制，部落族人存在敬畏自然的精神，因為他們知道，山林裡的資源是必須代代相傳的。

但是，現在的部落位於不同地區各不相同，無法跟早期傳統一概而論。許多部落決定事情的機制，已不是由長老或部落會議決定，而是行政首長（區長、鄉長、鄰長等）在部落擁有絕對的決定權。通常這些行政首長是依循漢人的行政治理模式產生的，漢人政治文化及思維，早已進入原鄉。同樣的，對於野生動物永續利用的精神，早已被改良的散彈槍、箱型車、強力頭燈介入，山產店大量收購的商業模式，進入部落已久，成為獵人狩獵的強烈動機。

所以，傳統狩獵文化的延續，絕對必要；我曾多次參與花蓮卓溪鄉中興部落的布農射耳祭。祭典中，族人們先是兩天的祭槍、報戰功、祭祖儀式，在最後一天演練山林打獵的布陣，就是希望下一代能夠傳襲部落狩獵文化，不要讓子孫忘了山林經驗。因為所謂的「山林生態智慧」，是奠基於祖父輩代代相傳傳的祖訓，什麼季節可以打獵、多大體型的可以獵捕、懷孕母獸不要打、不同獵物的戰歌在進村前要歌頌，讓部落的女力士在門口迎接，把獵物接手扛回家等等，都是傳統祭儀的一部分，也是台灣重要的文化資產。

不過，能夠保有傳統禁忌的部落，恐怕也越來越式微，在部落約束力逐漸褪色淡化的年代，透過行政力量來提醒部落遵守傳統智慧，也是不得不的做法。

衝突，往往來自不理解

從個體的動物保護，走向族群的生態保育，喜歡動物的人，跟不喜歡動物的人，會有意見上的落差，並不令人意外。但是喜歡寵物的人，跟喜歡野生動物的人，在這幾年的網路論壇上，往往開戰成一片，這是比較遺憾的。

台灣獼猴，在玉山塔塔加，是嬌客，大家會爭先與之拍照；但在柴山，卻被當作是擾民的麻煩製造者；台灣石虎大概因為長得像貓，所以不管是野生動物保育者、或是喜歡寵物的人，都會把石虎當作可愛動物，只有石虎出沒區域的農民是少數可能會討厭石虎的對象。因為石虎是野生動物，跟貓的行為相像，就有可能去獵捕農家的雞；但回過頭來，難道寵物家貓就不會獵捕野生動物嗎？

當然是會啊！我在梅山生活時，就有一隻貓朋友，有時候，我會跟他打招呼，摸摸他，而他回報我的方式，就是不定期把斷成兩截的紅斑蛇、獨角仙、金龜等等，當作貢品放在我的門口；時間一久，我也明白這些都是貓朋友的心意。只是，對於野生動物而言，貓朋友就成了他們的殺手。柴山的山羌，也有一樣的問題，儘管近年山羌數量大幅減少，再加上同時間流浪犬的數量卻沒有獲得有效控制，因此有學者推論，柴山的山羌很可能是被浪犬攻擊死亡導致族群下降。

山羌跟狗，都是中型哺乳類；在同一個領域中，彼此生存就有衝突，這是動物本性的問題；而人跟獼猴，都是靈長類，理論上兩者生活不在同一個領域，但是因為偶爾登山的過程，會有衝突，就是因為認為獼猴對人產生干擾，但是這樣的干擾，如果可以透過「行為認識」，了解獼猴現在所表現的表情、行為是什麼，就可以大幅降低衝突。這也是近幾年，我協助獼猴保育組織，在動物園、校園進行巡迴宣講的目的。

流浪犬呢？因為跟人的生活空間有重疊，會影響人的生活，就希望有人來抓走，讓他們消失在生活裡。但是被捕捉的流浪犬能夠解決整個台灣社會的流浪犬問題嗎？恐怕不會，對人而言，只是暫時的眼不見為淨。

回想當年在中山大學推動的校犬計畫，就是希望學校更多人了解犬隻行為，降低共同生活空間的衝突；雖然也有野生動物保育者認為應該用開放狩獵方式，來處理流浪犬的問題。但是這種提議的根本性問題是「誰有權力決定另一個物種的生死？」特別是，這個問題很可能是人類造成的。

對於上述問題，我暫時沒有明確的答案。不過，從源頭處理一直是我認為真正能夠解決問題的方式。所謂的源頭就是「誰造成的，誰該負責」。

很多收容所內的棄養寵物，都是一波流行性的購買潮後，發現家裡不適合養，而送進收容所；而收容所中，更多是沒有植晶片，就直接棄置在荒郊野外的浪浪。這些被棄置的犬隻，通常活不久，如果活下來，自然會在野外傳宗接代，成為野生二代、三代、四代。以誘捕的經驗來說，通常野性越強，越難誘捕，也造成不可逆的局面。所以，「正本清源」還是應該從源頭建立「飼主責任」的概念。

我曾在高雄市議會推動過，在購買寵物前，要「強制」進行飼主責任教育課程，目前也納入高雄市動物保護自治條例中。但是行政部門卻擔心業者壓力，最後折衷修改成為「有上過飼主責任教育的飼主，可以優先補助領取狂犬病疫苗、寵物登記或節育手術」。說穿了，人類造成的問題，人類不能負責任的解決，要動物負責嗎？把責任推給第三方？那人類怎麼好意思自稱萬物之靈。

在寵物業管理及評鑑上，常常因為業者壓力，無法反映真實的評鑑狀況，甚至有假冒合法業者，從事非法繁殖的，一百五十四隻被安樂死的走私貓咪，更是用合法業者掩護非法走私；最後造成的生命殞落，誰該負責？

老實說，我認為很可能在未來的一、二十年內，台灣的流浪動物問題都不會獲得解決，除非有掌握權力的政治人物，願意面對事實，從源頭著手，加強對寵物業的規範，並且編制合理的動物保護執法人力，賦予動保員更高的執法權限，在涉及敏感查緝時由警方協同支援之外，要結合里政系統落實晶片登記的工作（目前全台灣晶片登記比率偏低，但哪個縣市有動保人力去查核？）如果動保人力不足，民眾再怎麼要求，也是逼死第一線的動保員而已。

眾多動物問題的根源，還是來自人類不負責、以及不願理解的行為；如果更多人能體認，這個地球環境不只是為人類而存在，還有很多動物住在人類本來不去的地方，只是因為人類活動的擴張，導致了彼此領域的重疊而產生衝突。而自詡為萬物之靈的人類，在面對種種的動物議題時，時常都感性多於理性，偏狹的愛常常發生。不過，這就是人性，如果動物講話人類聽得懂，可能就比較能同理彼此的處境，從而找出更好的理解共存之道。

「理解共存」，不只適用人類社會，也適用於人及動物社會。

跨界對話。

貓朋友常常獻
上的貢品。

理解共存

EVER
THIN
EVERY
THING
RELATES
理解 × 共存
Understanding × Coexistence
台灣獼猴
吱吱黨

挺挺動物

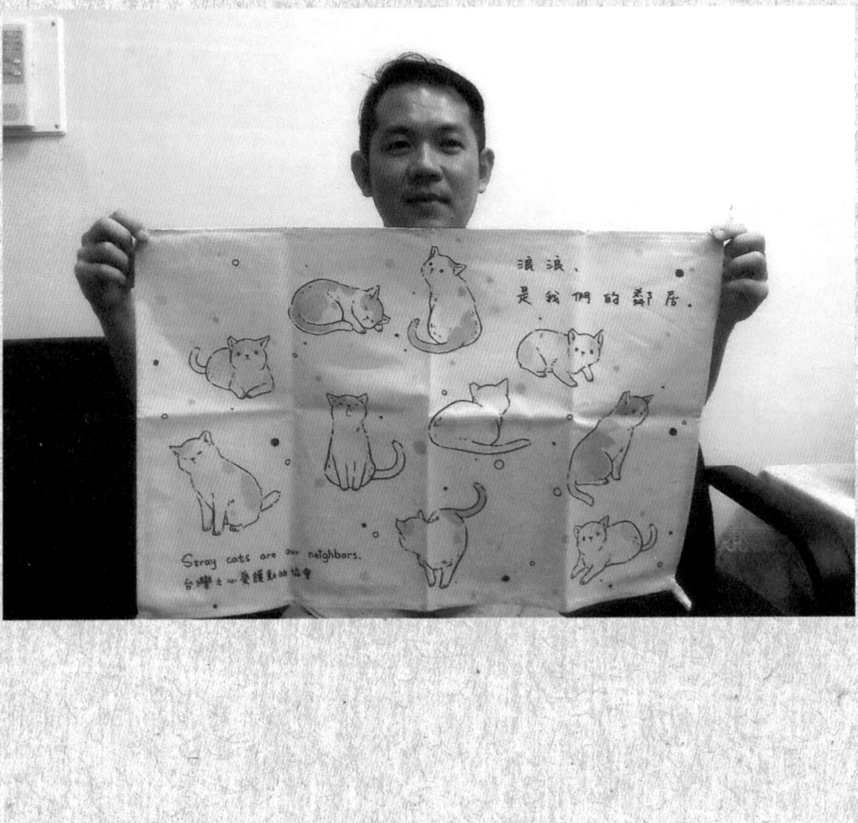

非關政治替動物發聲

作者—魚凱
主編—林正文
企劃—陳玟利
封面設計—林采薇
美術編輯—李宜芝

董事長—趙政岷
出版者—時報文化出版企業股份有限公司
108019台北市和平西路三段二四〇號七樓
發行專線—（〇二）二三〇六六八四二
讀者服務專線—〇八〇〇二三一七〇五
（〇二）二三〇四七一〇三
讀者服務傳真—（〇二）二三〇四六八五八
郵撥—一九三四四七二四時報文化出版公司
信箱—一〇八九九　台北華江橋郵局第九九信箱

時報悅讀網—http://www.readingtimes.com.tw
法律顧問—理律法律事務所　陳長文律師、李念祖律師
印刷—和楹印刷有限公司
一版一刷—二〇二二年十一月十一日
定價—新台幣三八〇元
（缺頁或破損的書，請寄回更換）

時報文化出版公司成立於一九七五年，
並於一九九九年股票上櫃公開發行，於二〇〇八年脫離中時集團非屬旺中，
以「尊重智慧與創意的文化事業」爲信念。

非關政治替動物發聲 / 林于凱著 . -- 一版 . -- 臺北市 : 時報文化出版企業股份有限公司 , 2022.11
面 ;　公分

ISBN 978-626-353-141-3(平裝)

1.CST: 動物保育

548.3　　　111017750

ISBN 978-626-353-141-3
Printed in Taiwan